TAX OF LARGE BUSINESS
Ten Years of Research on
Basic Challenging Problems

十年思辨觅真容

中国大企业税收基本问题研究

王向东 张凯 ◎ 主编　王敬远 ◎ 副主编

中国市场出版社
China Market Press

· 北 京 ·

图书在版编目（CIP）数据

十年思辨觅真容：中国大企业税收基本问题研究/王向东，张凯主编. —北京：中国市场出版社，2018.10

ISBN 978-7-5092-1705-4

Ⅰ.①十… Ⅱ.①王… ②张… Ⅲ.①企业管理-税收管理-研究-中国 Ⅳ.①F812.423

中国版本图书馆 CIP 数据核字（2018）第 171772 号

十年思辨觅真容：中国大企业税收基本问题研究
SHINIAN SIBIAN MI ZHENRONG：ZHONGGUO DAQIYE SHUISHOU JIBEN WENTI YANJIU

主　　编	王向东　张　凯
副 主 编	王敬远
责任编辑	钱　伟　张　瑶
出版发行	中国市场出版社 China Market Press
社　　址	北京市西城区月坛北小街 2 号院 3 号楼（100837）
电　　话	编辑部（010）68032104　读者服务部（010）68022950
	发 行 部（010）68021338　68020340　68053489
	68024335　68033577　68033539
	总编室（010）68020336
	盗版举报（010）68020336
邮　　箱	474885818@qq.com
经　　销	新华书店
印　　刷	河北鑫兆源印刷有限公司
规　　格	185 mm×260 mm　16 开本	版　次	2018 年 10 月第 1 版
印　　张	14	印　次	2018 年 10 月第 1 次印刷
字　　数	250 千字	定　价	68.00 元
书　　号	ISBN 978-7-5092-1705-4		

版权所有　侵权必究　　印装差错　负责调换

谨以此书献给中国大企业税收管理改革 10 周年

编委会

主　　编　王向东　张　剀
副 主 编　王敬远
编　　委　徐晓华　蔡　嘉　范颖超
　　　　　　　王吉彪　孟学海　陈　雪

特别想说的话
（代序）

2018年6月15日，合并后的36个省级税务机关挂牌。这标志着国税、地税机构分设24年后，税收征管体制进入了全新的历史阶段，也让业界对大企业税收如何管理倍加关注。就在这本报告即将定稿时，我们发现，业界对大企业税收管理的关注点又似乎回到了一系列基本问题上。这究竟是一种巧合，还是历史发展的必然？

其实，我们在准备编写这本报告的时候，并不知道国税、地税合并的消息，也没有设想过国税、地税合并究竟会给大企业税收管理带来哪些影响。我们只是认为，在大企业税收管理改革推进10年之际，需要对一些基本问题做冷静的思考。我们感到这是一份必须面对的责任，即便在很多人看来，这是一个不太值得关注的问题。

在本书的编写过程中，我们每个人对大企业税收研究都充满了一种浓浓的、热切的情怀。正是因为这种情怀，我们克服了各种各样的困难，去调查走访，去查阅资料，去搜集数据。我们曾经彻夜思考，也曾促膝长谈，还曾争得面红耳赤，终于在一些关键问题上达成了共识，也让这本年度报告具有了一定的前瞻性，并让我们坚信，会对关注和研究大企业税收的各界人士提供有益帮助。

我们深知，大企业既是税收收入的主要来源，也是国民经济的重要支柱；既是先进生产力的典型代表，也是税收宏观调控的对象；既在国内经济改革中扮演着重要角色，也将在国际竞争中脱颖而出。在经济全球化和区域经济一体化的进程中，大企业将发挥越来越大的作用。

自2008年7月起，全国税务机关相继设立大企业税收管理部门，开始了我国大企业税收管理现代化的实践探索与理论思辨，大企业税收管理呈现出如火如荼的改革图景。但是我们调查发现，虽然中国大企业税收管理改革历经10年，但有关大企业税收的很多基本问题至今仍未达成共识。

10年来，全国税务系统上下对大企业税收管理必要性与紧迫性的认识有所加深，但在目标定位与路径选择上却众说纷纭，理论体系和实务体系尚未建立，存在诸多理论和实践问题需要深入研究并加以解决。在相当长的一段时间内，我国大企业税收管理都将处于探索阶段，大企业税收研究成为摆在我国财税理论界和实务界面前的一个复杂而具有挑战性的课题。

作为目前国内首家也是唯一一家专门研究大企业税收的公益性、融合性和开放性研究机构——中国大企业税收研究所，我们有责任在大企业税收问题研究方面做出自己应有的贡献。2017年初，经过多次研讨，形成了这本报告的研究框架，历经近两年的时间终于付梓出版。在这个过程中，我们得到了来自税务机关、大企业、科研院所等领域同仁的鼓励和支持，在此一并表示衷心的感谢。

本书由王向东和张剀共同担任主编。其中，王向东负责课题的立项和审核，张剀负责总体的框架设计、各章节的修改完善和总纂。王敬远担任副主编，负责项目的总体推进和综合协调，并对部分章节提出修改意见。

本书共11章，每章大体按照国际经验——中国实践——对策建议的脉络来阐述，具体编写分工如下：张剀、王吉彪负责第1章和第11章；徐晓华负责第3章和第8章；蔡嘉负责第7章；范颖超负责第5章和第6章；孟学海负责第2章和第4章；王敬远、陈雪负责第9章和第10章。

需要说明的是，为方便阐述和分析问题，文中涉及税务机构的，仍采用国税、地税机构合并以前的名称。相关机构负责人，有些已经调整，本书仍以其当时的职务为准。

我们深知，尽管我们对内容精益求精，但是由于作者水平有限，书中疏误和偏颇之处在所难免，恳请读者批评指正。

本书编委会

2018年7月12日

CONTENTS

目 录

第1章 改革潮流 *001*

    1.1 国外大企业税收管理改革基本情况 *003*

    1.2 国内对大企业税收管理的认识 *005*

    1.3 我国大企业税收管理改革的必要性 *007*

第2章 标准界定 *021*

    2.1 国外界定大企业标准的考量因素 *023*

        2.1.1 大企业认定标准的国际比较 *027*

        2.1.2 国际上大企业认定标准的构成要素 *028*

    2.2 我国界定大企业标准的实践 *029*

        2.2.1 定点联系企业（2009—2015年） *029*

        2.2.2 千户集团企业（2015年至今） *031*

    2.3 建立我国税收意义的大企业标准及建议 *033*

        2.3.1 建立大企业标准的必要性 *033*

        2.3.2 建立大企业标准的建议 *034*

第3章 理论体系 *037*

    3.1 国外经典理论及其应用 *039*

　　　　3.1.1　风险管理理论　039
　　　　3.1.2　分类管理理论　041
　　　　3.1.3　合作遵从理论　043
　　　　3.1.4　平衡治理理论　045
　　　　3.1.5　纳税服务理论　046
　　　　3.1.6　新公共管理理论　046
　　　　3.1.7　冰山理论　047
　　3.2　国外经典理论的中国化路径　048
　　　　3.2.1　风险管理理论在我国的应用　048
　　　　3.2.2　分类管理理论在我国的应用　053
　　　　3.2.3　合作遵从理论在我国的应用　055
　　3.3　中国特色大企业税收管理理论体系的构建　056
　　　　3.3.1　大数据管理理论　056
　　　　3.3.2　牧羊理论　057
　　　　3.3.3　企业税务风险理论　057
　　　　3.3.4　客户关系理论　058

第4章　机构设置　059

　　4.1　国外大企业税收管理机构设置　061
　　　　4.1.1　组织结构　063
　　　　4.1.2　职能定位　064
　　　　4.1.3　典型国家的机构设置　065
　　4.2　我国大企业税收管理机构专业化改革　070
　　　　4.2.1　大企业税收管理专业化机构从无到有　070
　　　　4.2.2　大企业税收机构改革正在加速推进　074
　　　　4.2.3　大企业税收机构设置评价　079
　　4.3　大企业税收管理机构设置建议　081
　　　　4.3.1　近期建议　081
　　　　4.3.2　改革永远在路上　082

第5章　管理方式　085

　　5.1　以风险为导向的管理理念　087

  5.1.1 基本内涵 *087*

  5.1.2 国际经验 *088*

 5.2 我国实践与成效评析 *091*

  5.2.1 我国大企业税收风险管理探索实践 *091*

  5.2.2 存在问题 *096*

  5.2.3 推进大企业风险管理的建议 *098*

第 6 章 服务产品 *103*

 6.1 国外典型大企业服务产品应用情况 *105*

  6.1.1 国外大企业服务通行做法 *105*

  6.1.2 典型国家的做法 *106*

  6.1.3 国外大企业服务产品 *108*

  6.1.4 国外大企业服务经验借鉴 *110*

 6.2 我国大企业服务产品评析 *114*

  6.2.1 我国大企业个性化服务实践 *114*

  6.2.2 创新大企业个性化服务产品建议 *118*

第 7 章 信息技术 *131*

 7.1 国外大企业税收信息化管理情况 *133*

  7.1.1 多渠道的数据采集体系 *135*

  7.1.2 涉税信息采集的法律保障体系 *136*

  7.1.3 建立数据整合平台 *137*

  7.1.4 积极运用大数据技术 *138*

 7.2 我国大企业税收信息化建设评析 *140*

  7.2.1 大企业税收管理信息化建设情况 *140*

  7.2.2 各省特色信息化建设情况 *141*

  7.2.3 目前大企业税收信息化存在的主要问题 *143*

 7.3 大企业税收管理信息系统建设思路与措施 *145*

  7.3.1 大企业税收管理信息化的总体规划 *145*

  7.3.2 大企业税收管理系统建设的具体建议 *146*

第 8 章　国际税收　*153*

8.1　大企业管理和国际税收管理高度融合成趋势　*155*
8.2　我国大企业国际税收服务与管理的探索　*156*
8.3　新时代的大企业国际税收服务与管理　*158*
8.3.1　BEPS 行动计划引领国际税收进入新时代　*158*
8.3.2　我国大企业税收管理在国际税收领域面临的挑战　*160*
8.3.3　我国大企业税收管理在国际税收领域面临的机遇　*163*
8.4　加强我国大企业国际税收服务与管理的对策与建议　*166*

第 9 章　人才建设　*171*

9.1　国外大企业税收管理人才培养、选拔与使用　*173*
9.2　我国大企业税收管理人才队伍建设存在的问题　*174*
9.3　我国大企业税收管理人才引进与建设建议　*176*
9.3.1　整体推进大企业税收管理团队建设　*176*
9.3.2　建立大企业管理人才保障机制　*177*
9.3.3　提升大企业税收管理专业化服务水平　*179*
9.3.4　引进大企业税收管理人才　*180*

第 10 章　制约因素　*183*

10.1　法律环境　*185*
10.1.1　顶层设计不到位造成法律地位不明确　*185*
10.1.2　政策性风险化解机制尚不健全　*185*
10.1.3　涉税信息采集的法律规定缺位　*186*
10.2　管理因素　*186*
10.3　编制因素　*187*
10.3.1　职能不健全　*188*
10.3.2　机构名称不规范　*188*
10.3.3　职责不明晰　*188*
10.3.4　专业人才匮乏　*189*

第 11 章 总体建议 191

11.1 我国大企业税收管理遵循的基本原则 193
11.2 我国大企业税收管理改革的重点 194
11.2.1 抓大控中放小,实施差异化的税收管理 194
11.2.2 发挥比较优势,提升复杂涉税事项管理层级 195
11.2.3 满足个性化需求,提高大企业纳税服务水平 195
11.2.4 抓住"关键少数",实现税收风险分析精确制导 196
11.3 加强我国大企业税收管理的实践路径选择 197
11.3.1 提升大企业税收管理站位 197
11.3.2 总结改革经验,明确改革路径 197
11.4 我国大企业税收管理改革保障条件 198
11.4.1 组建实体化大企业税收管理机构 198
11.4.2 人力资源配置到位 198
11.4.3 明晰各层级职责 199
11.4.4 强化大数据背景下的信息化支撑 200
11.4.5 创新工作机制 200

参考文献 203
后　记 207

TAX OF LARGE BUSINESS
TEN YEARS OF RESEARCH ON
Basic Challenging Problems

第1章　改革潮流

1.1 国外大企业税收管理改革基本情况

由于经济情况与国情差异，各国对大企业的认定标准有所不同，因此，在大企业税收管理方面的资源配置也不尽相同。大部分国家的税务机关重点关注对大企业集团及其关联企业的管理，以确保从整体纳税人的角度来识别和应对风险。现在，按照纳税人的类型设置税收管理机构，已经成为国际税收管理领域一股不可逆转的潮流。

1. 日本

日本坚持从国情出发，面向征管，立足税源，讲求效益。1949年国税厅成立，隶属于大藏省，负责国内税收的评定和征收。国税厅大企业税收管理部门实行三级管理：国税厅、地方国家税务局、税务署。国税厅下设地方税务局和税务署，层次较少，规范明确；设置大企业税收机构的数量完全以经济区域征管需要为标准。这种围绕征管需要设置的机构，为有效管理税源、降低税收成本、提升征管水平提供了组织保障。

2. 美国

美国针对不同类型的纳税人提供更具针对性的纳税服务和税收管理，确立了通过公平执法为纳税人提供优质服务的目标，针对纳税人的不同特点提供相应服务。1998年，美国国内收入局（IRS）进行了重组和改革，针对不同的纳税人群体设立相应的管理局，大中型企业税收管理局（LMSB）应运而生。LMSB可以称得上是真正意义上的大企业税收征管机构，它的出现使美国税收征管机构从纯粹的区域性组织机构转变为与企业类型相对应的专业性组织机构。2010年，IRS再次进行机构重组，将国际税收管理部门与大中型企业税收管理局合并，定名为大企业和国际税收管理局（LB&I）。IRS大企业税收管理的核心内容是以风险管理为导向的税务审计，其职责完全由LB&I承担，运行顺畅高效。LB&I高度重视对大企业的纳税服务工作，通过与纳税人良性互动，不断改善税企关系，真正做到了把服务融入税收管理全过程。

3. 英国

英国提供优质的纳税服务，确保大企业和高收入者能依法纳税，帮助纳税人提高税法遵从度，协调处理大企业涉及的所有直接税和间接税问题，以及时采取恰当的措施保证税收收入。英国皇家税务和海关总署（HMRC）于2001年设立专门的大企业税收管理局（LBS），LBS负责900多家大企业和3 000多名大雇主的税收征管，将分级分类管理和税法遵从理念贯穿始终。LBS根据风险的规模和性质确定工作力度，并将其干预的目标锁定在高税务风险的领域，把更多的精力放在他们认为高风险的纳税人身上。

4. 加拿大

加拿大是一个举世闻名的高福利国家，拥有完善的社会保障体系，完备的医疗保障体系及系统的教育培训体系，而这一切的经济基础就是税收，因此加拿大也是一个高赋税的国家，被人们称为"万税之国"。加拿大税务局（CRA）隶属于联邦税务部门，于2003年由加拿大海关和税务局（CCRA）重组而成。2006年，CRA在原有的国际税收审计部门、反避税部门和大企业税收管理部门的基础上重组设立了国际税收与大企业委员会（ILBD），由此拉开了大企业专业化管理的序幕。2010年，CRA推出了以风险为导向的遵从管理模式，按照不遵从税法的风险，将大企业划分为高风险、中等风险和低风险纳税人，并实行分级管理，有效提高了管理效率。

5. 阿根廷

阿根廷对税源监控管理实现专业化与社会化的有机结合，从讲求成本最低的原则出发，根据税源大小合理配置征管资源。为此，阿根廷国家税务局（简称AFIP）明确工作重点是"抓大控小"，从人力、物力、财力上优先保证纳税大户集中统一管理的需要，在联邦收入总局层面成立大企业税收管理局，对2 001户大企业直接实施管理，对各项涉税活动及时跟踪调查和动态监控，运用税收征管系统占有的征纳和第三方信息强化各税种的比对分析，稽查也是重点围绕纳税大户进行的，设计了专门的申报软件（OSIRS）和2000系统供纳税大户使用，为纳税大户设立专门的服务窗口和辩护中心，成功地实现了对重点纳税人（尤其是纳税大户）的监控、管理和服务。

6. 荷兰

荷兰在相互信任的基础上推行横向平行监控，帮助企业健全完善内控体系；采取横向监控和纵深措施的配套结合，综合地考虑行为科学和系统学的科学理念，实现科学与税收管理策略的主动对接，从企业自我风险防控，到横向监控、内外部审计，再到税法遵从，税企双方达到合作共赢、共同发展。2010年，荷兰税收和海关总署（简称NTCA）提出了加强纳税人管理的新要求：一是减少管理负担和繁杂事项；二是回应性的诉求管理，即对纳税人不同诉求做出相应回应；三是税务管理必须有力、有效。2012年NTCA重新修订了《荷兰大企业税收监管指引》，明确：基本任务是有效执行税收法律法规，确保法律的确定性和公平性，尊重公众并提供纳税服务；战略目标是维护和巩固纳税人的遵从度；核心价值包括信任、理解和公开。

7. 新加坡

新加坡对遵从度不同的纳税人，采用风险管理的遵从管理方法和差异化应对方式，以确保纳税人在合作的前提下自觉履行自身的纳税义务。1992年新加坡国内收入局（简称IRAS）制订了遵从战略框架，以此指导大企业的税务遵从管理。通过框架，税务机关可以最大化引导大企业的自愿遵从性，同时有效降低大企业的遵从成本，确保新加坡保持公平和持续的税收管理体系，纳税人公平地贡献税收。这种税企合作的促进遵从的方法也符合新加坡国家发展和包容性增长的愿景要求。

1.2 国内对大企业税收管理的认识

通过学习和借鉴国外大企业税收管理改革的经验，我国对大企业税收管理的认识也逐渐加深，并且形成了诸多共识。根据公开资料，主要的观点有：

1. 大企业税收管理是税收治理的突破口

税收治理现代化是国家治理现代化的重要组成部分，运用"互联网＋"思维探索建立的大企业多部门协同治税机制，是国家治理现代化的必然要求。"当今世界信息化发展很快，不进则退，慢进亦退。"习近平总书记的话语铿锵有力、掷地有声。我国大企业在全球新一轮科技革命和产业变革中与各领域的融合发展已成为不可阻挡的时代潮流，正对世界各国的经济社会发展产生战略性和全局性的影响。当今，我国大企业税收管理率先踏上了信息化之路，正以"互联网＋税务"为着力点，通过打破时间、空间、地域、媒介的限制，成为税收治理的突破口。

2. 大企业税收管理是经济体制改革的先手棋

税收体制改革是经济体制改革的重要组成部分，而在税收体制改革中，大企业税收管理改革是下好改革这盘棋的"先手"。只有通过大企业税收管理改革将大企业税收风险分析事项集中、扁平化处理，才能推动大企业税收服务的深度融合、执法的适度整合、信息的高度聚合，才能切实解决大企业税收管理中的信息不对称、能力不对等、服务不到位、管理不适应等问题，才能提升税收服务与管理质效，并最终为国家经济体制改革服务。

3. 大企业税收管理是财政安全的稳定器

财政安全在国民经济中具有举足轻重的地位，大企业税收管理方式和税收制度的安排具有某种调整经济的灵活性，可以自动配合需求管理，减缓总需求的摇摆性，从而有助于引导经济的稳定和财政的安全。特别是在经济全球化和贸易保护主义思潮相互碰撞的背景下，国际税收规则正在面临全新变化，国内经济结构也在面临全新的调整，这必然会给国家财政安全带来一定的挑战。大企业税收作为财政的主要贡献者，其稳定器的作用会愈加凸显。

4. 大企业税收管理是征管改革的重头戏

国家税务总局将大企业税收服务与管理改革作为深化国税、地税征管体制改革的"重头戏"，提出了优化服务和管理的具体改革举措，以"平衡治理、合作遵从"为工作原则，坚持服务和管理并重，注重在税收风险管理中满足大企业特殊服务需求。蓝图已经绘就，目标已经明确，大企业税收管理承载着税收未来发展的大希望，必须一步一个脚印地推行各项改革任务，不断提升大企业税收服务和管理水平，在做好大企业税收风险分析的基础上，做好行业专项分析、宏观经济分析和国际比较分析，为经济社会发展提供重要的决策参考。

1.3　我国大企业税收管理改革的必要性

改革开放以来，随着我国经济的高速发展，大型企业的规模日益扩大，数量不断增加，逐渐成为国民经济的主要支柱，对全国税收收入做出了巨大贡献。与中小企业相比，大企业具有鲜明的特征：

一是跨国、跨地区、跨行业经营。这是大企业最普遍的特征，尤其是体现在跨国、跨地区、跨行业三者兼而有之。跨国是指公司业务国际化，即在全球争取与配置资源；跨地区是指一国之内的跨省市经营；跨行业是指多元化经营，几乎所有大企业集团都通过跨行业经营管理风险。

二是供应链上的准市场化交易。绝大多数大企业在某一或某些产业生产研发领域拥有技术和资源上的优势，通常在资金或技术上具有一定的垄断地位，在所处行业以及产业链条上处于竞争优势，往往是行业标准和交易规则的制定者。大企业与供应链网络上的企业不一定都有股权关系，出于谋求共同利益、降低交易风险与成本的需要，供应链企业间都按照准市场规则进行交易，即按照事先约定的定价原则进行交易，交易价格不完全是通过市场竞争形成的。因此，大企业供应链企业间交易大多具有关联交易特征。

三是公司治理与企业文化先进。大企业之所以能够做大做强，正是得益于比较完善的公司治理结构、严密的内控制度，这不仅仅是企业管理者实现有效管理的需要，而且是企业发展壮大的必备条件。相比于一般组织文化而言，大企业文化的典型特色在于它强大的执行力与领导者个性色彩，这也是深刻理解大企业所必须关注的重要因素之一。

四是企业管理信息化水平高。大企业依托网络与管理信息系统，普遍采用SAP或ERP产品进行交易处理和过程分析，把集团企业乃至供应链上的企业联成庞大的网络，并借以实现信息、资金和决策的高度集中管理。大企业信息化管理水平已远超我国税务部门，企业信息的集中超越了税务机关的属地管理体制，由此导致的信息不对称已经成为屏蔽税务监管的技术壁垒。

五是技术与管理创新能力超群。大企业大多具有超强的创新能力，是同行业业的领导者之一，表现为技术领先于竞争者、管理模式往往也是被模仿的对象。正因为大企业的创新文化突出，时有新业务模式和管理方式推出，现行法律常常滞后于企业经营活动，容易产生不确定性风险。

六是具有较高的自我遵从意愿，并愿意与税务机关合作，合规遵从的主观意愿强烈。企业都比较重视与税收等行政管理部门的沟通与交流，税务管理人员专业化水平较高，具有较强的纳税意识，尽可能地遵从行政管理的规范。

基于上述大企业税收特性，传统的税收管理模式已经表现出诸多的不适应。比如，管理手段不适应，现有的税收管理模式已难以适应大企业税收专业化管理和个性化服务的需要；人员配置不适应，企业在经营和管理上的电子化、智能化发展趋势，不仅增加了税收征管工作的难度，而且对大企业税收管理人员的综合水平和专业素质提出了更高要求；信息技术应用与共享机制不适应，面对跨地区、跨行业、集团化的大企业经营模式，当前征纳双方信息不对称的税收征管现象依然突出，第三方信息来源渠道还不通畅，现有信息数据难以得到充分挖掘和利用。大企业税收管理工作，直接关系到整个税收工作和经济社会发展的全局。加强和完善大企业税收管理是经济社会发展的必然，是新一轮税收征管改革的突破口。

1. 税收高度集中与征管资源分散配置的矛盾

大企业在国民经济中举足轻重，税收收入占比高，税收集中度大。据统计，2014年我国年缴纳税收1亿元以上的企业集团共计1986户，千户集团税收占我国税收总量40%以上，是名副其实的"关键少数"。在传统管理模式下，我国税收征管资源配置分散，并没有集中优势资源抓好这些"关键少数"的纳税人，大企业管理部门人力资源配置明显不足。税收征管资源配置的这一状况，凸显了与税源分布状况之间的矛盾，制约了征管质效的提升和税收收入目标的顺利实现。

2. 大企业集团化管理、跨区域经营与税收属地化管理的矛盾

大企业通常实行集团化运作，跨地区甚至跨国经营十分普遍，其总部决策、跨区域经营的特点，与税务机关仍然相对固化的属地管理方式的矛盾日益突出，导致"管得着的看不见，看得见的管不着"。企业总部所在地主管税务机关往往无法准确获取成员企业相关信息，无法对企业集团整体进行管理，对于关联交易、股权转让等重大事项的风险无法加以确定，不能及时发现企业系统性风险。

成员企业所在地主管税务机关，无法了解企业集团整体情况，对于总部决策事项无法获取更多信息，在开展税收管理工作时，"只见树木不见森林"。

3. 大企业涉税事项复杂性与税收政策不确定性的矛盾

大企业生产经营、财务核算、涉税事项复杂，产品服务的细分化程度高，业务创新频繁，对于税收政策的确定性，特别是政策具体执行口径的明晰性需求十分迫切。当前，某些税收法规政策存在条文表述不清晰、具体规定不细致、适用条件和范围不明确等问题，造成企业和税务机关可以从不同角度去解读，甚至不同税务机关之间也存在理解执行不一致的情况。同时，由于业务创新频繁和政策相对稳定之间的矛盾，有时还存在税收政策"缺位"的情况。这些问题，都增加了大企业遵从风险和税务机关执法风险，亟须在改革中加以解决。

4. 大企业信息集中与税务机关信息分散的矛盾

大企业普遍建设和应用ERP等高度智能化的信息管理系统，实现了生产经营、财务核算和管理决策信息的高度集中。在统一的管理理念指导下，形成高效完善的管理制度和程序，使用统一定制的信息化软件系统（如ERP或各种财物、仓储物流管理系统等），来协调不同地区、国家的下属分支机构的运作。这些下属的分支机构，可以表现为具备独立法人资格的子公司，也可能是非法人独立纳税的分公司或其他类型的分支机构，统一调配共享企业全部的信息流、资金流、物资流，实现资源的合理配置。在税务部门，由于制度设计不完善、技术手段不具备、能力素质不匹配等原因，大企业涉税信息仍然散落在税务系统内外的多个管理环节和层级，特别是企业集团之间、集团内部成员企业之间、集团内部业务板块之间大量复杂的关联信息没有得到很好的整合和利用，由此导致的信息不对称、信息不集中和信息不共享问题，已成为提升征管质效的最大瓶颈。

5. 大企业税收专业人才集聚与税务机关专业人才缺乏的矛盾

一方面，大企业普遍存在税法研究机构，集聚着大量的税收专业人才，用以分析税收政策，筹划涉税事务，应对税收管理。大企业专业的税收人才，加上专业化管理工具的使用，进一步拉大了税务机关和大企业在人才结构上的差异，也成为税务机关对大企业税收管理乏力的重要因素。另一方面，税务机关企业管理专业人才十分缺乏，某些专业领域的企业管理人才更是凤毛麟角，无法大量收集大企业的各项信息，用以分析、应对企业的经营管理事项的税收问题，在税收管理实践中，也少有约请第三方专业机构参与应对企业的税收问题研究。

从国际上大企业税收管理实践看，美国、澳大利亚等发达国家都成立了实体化大企业税收管理机构，配置数量可观的专业人员，依托税收风险过滤器等高度智能化的信息系统，集中开展大企业税收管理工作。据经济合作与发展组织（OECD）2013年发布的资料，在被调查的52个国家中，85%的国家已经成立了专门的大企业税收管理部门。在组织机构和人力资源配置上，多数国家突出行业管理优势，通过设立区域和行业支持中心等方式，对大企业实施专业化管理。在风险分析应对上，以信息化系统为依托，采用人机结合的方法进行风险识别和等级排序，采取不同的方式进行分类应对。在个性化服务上，各国为纳税人提供了丰富多样且个性化的服务产品，如税收事先裁定、申报前协议、预约定价协议、年度遵从安排等。

近年来，我国积极推进大企业税收管理改革，在大企业管理机构建设、服务产品创新、管理方式转变、人力资源配置、信息系统开发等方面，进行了积极有效的探索，取得了一定的经验。大企业税收管理表面上仅涉及极少部分大企业税收管理方式的调整，实际上对中国现有的税收管理构架、管理内容和管理方法都将带来巨大深远的影响，其在风险导向、分类管理方面的成功尝试将为现行征管制度的进一步优化和加速中国税收征管体制与国际接轨提供极为有益的借鉴。可以说，大企业税收管理是中国新阶段深化征管体制改革的探路者，亦是中国税收征管进入高端领域的试验区。大企业的税收管理水平，不仅直接决定着税收收入水平，更是一个国家、一个地区税务管理工作水平的直接体现。

推进大企业税收管理创新，既是适应大企业管理发展趋势的必然选择，也符合税收征管改革的基本方向。当前，企业管理正在朝集团化、集约化、扁平化、信息化的方向发展，大企业集团在这方面表现得尤其突出。与这种状况相适应，税收管理也正在逐步改变传统属地化、管理碎片化、单兵作战、信息割裂的原有格局，朝着与大企业管理方式相对应、管理能力相对等、信息模式相对称的目标迈进。在当前经济增长从高速向中高速换挡，国民经济面临稳增长、调结构、转方式艰巨任务的大背景下，税务机关只有通过管理创新来提高国家税收治理能力，特别是针对大企业集团开展税收风险管理，集中优质资源，抓住重点税源，通过风险导向的税收管理，做到精确制导，保持税收收入持续稳定协调增长。

延伸阅读

全球大企业税收管理发展历程

大企业税收管理的实践发轫于20世纪40年代。1947年，日本引进纳税申报制度后，由于经济尚处于不稳定状态，提出对大型企业实行专业化管理的理念。这一理念于1949年通过在日本国税厅和地区国税局分别成立专司大企业和高收入个人的税收调查科得以变成现实。这是世界上最早的关于大企业税收管理的记录。至今，OECD成员国中已有超过85%的税务机关成立了专门管理大企业的部门，大企业税收管理的体制、机制日趋完善。概括起来，大企业税收管理的探索大致可以归纳为三个阶段。

（一）萌芽起步阶段

50年代，发达国家开始进行大企业税收管理的探索。日本为确保高收入个人和公司法人缴纳的税收收入，最早提出了对大企业实行专业化管理的理念。日本和美国是最早进行大企业税收管理具体实践的国家，但其对大企业税收管理的重点放在了强化税务审计方面，改革的初衷是出于对大企业税收管理潜在风险的感知，缺乏有力的理论支撑。

（二）积极实践阶段

1991—2000年，可以说是大企业税收管理大发展的时期。随着公共管理理论的发展和应用，发达国家开始将管理问题作为税制改革的核心。税务机关组织构架的基础由税种管理逐渐向功能管理转变，并开始以纳税人为核心确定管理模式，向纳税人分类管理过渡。美国、日本等发达国家纷纷进行税收征管改革：从本国实际出发，建立起较为系统的大企业税收管理机构，积极简化税制、扩大税基、降低税率、改善管理，采取了按纳税人规模分类管理的税收征管模式，形成了与大企业税收管理相适应的税收理论体系，并从机构职能、人才建设、信息化支持等方面进行了有益的探索和实践，积累了宝贵的经验。

（三）发展完善阶段

2001年以来，大企业因其经济主导地位、内部复杂结构及其潜在税务风险等特点，成为各国税务机关管理服务的重点。世界各国（尤其是 OECD 成员国）深化了对大企业税收管理的研究，并在更大的范围内进行了国际经验交流，包括如何定义大企业、如何科学界定大企业税收管理部门的职能、如何应对大企业税务风险、如何改善税企关系等。从实践效果看，大企业税收管理的理论体系基本成熟，各国大企业税收管理模式运转效果显著，并在实践中不断得以总结和完善。这些成功的经验也被包括中国在内的越来越多的发展中国家借鉴和应用。

我国大企业税收管理改革探索历程

在国外大企业税收管理经历变革、相关理论研究日新月异的同时，我国大企业税收管理工作也相时而动，走出了一条与我国社会主义市场经济发展、大企业纳税人行为方式改变、大企业税收管理理论研究进展以及税务系统税收征管改革进程相呼应的发展历程。

始于新中国成立、终于 20 世纪 80 年代中期的"一员进户，各税统管"模式。主要特点是，以专管员为核心，实行专户管理，即"一员进户，各税统管，集征、管、查于一身"。向大中型企业派驻税务驻厂员（组）是大企业税收管理的主要形式，管理手段主要是传统的手工操作。

始于 80 年代中后期、终于 90 年代初的"征、管、查分离"模式。该模式先后经历了征收管理与检查两分离和征、管、查三分离的两个不同阶段。此时，对大企业的税收管理开始具备一定的专业化管理特征。

1994 年分税制建立初期，在一些地方在维持原有征管模式的同时，对税收征管模式的改革进行了积极的尝试，推行"三位一体"模式，但即"纳税申报，税务代理，税务稽查"三位一体的税收征管模式，但这一模式并未作为一种普遍适用的模式在全国推广和应用。该模式的主要特点是取消专管员固定管户制度，普遍建立纳税申报制度，加速税收征管信息化进程，探索建立严格的税务稽查制度，在重点纳税人中积极推行税务代理。这次税收征管制度改革强调合理划分税收征纳双方职责，是我国税收征管发展史上一次具有重要意义的实践。

1996 年推行的征管模式的主要内容是：以纳税申报和优化服务为基础，以计算机网络为依托，集中征收，重点稽查。主要特点是：由过去的分散型、粗放化管理向集约型、规范化管理转变；由传统手工操作方式向现代化科学征管方式转变；由专管员管户的保姆式管理向专业化管理转变。

1997 年，国家税务总局拟定了《关于加速税收征管信息化建设推进征管改革的试点工作方案》，提出要实现税收征管的"信息化和专业化"，即建设统一的税收征管信息系统，实现建立在信息化基础上的以专业化为主、综合性为辅的流程化、标准化的分工、联系和制约的征管工作新格局的新一轮征管改革目标。

1999年，国家税务总局首次明确提出了"建立严密、有效的重点税源监控体系"的思路和模式，并于2000年开发了重点税源管理软件（SRAS），制定了《重点企业税源监控数据库管理暂行办法》，第一批1404户较大企业作为重点税源进入监控视野。

2001年，国家税务总局在《关于加速税收征管信息化建设推进征管改革试点工作方案》（国税发〔2001〕137号文件发布）中明确提出了大企业税收管理改革的思路，即对于大型企业（含大型涉外企业）、跨国公司，可以上收到地级局或省级局内设的征收机构和管理机构集中征收和管理。随后，重点税源户税收管理员模式、大型企业税收驻厂员模式等在各地陆续推出。

2002年，国家税务总局下发《关于各地呈报加速税收征管信息化建设推进征管改革试点工作方案有关问题的通知》和《关于规范和加强国际税务管理工作的通知》，要求各级税务局积极探索大型企业税收管理新机制。

2003年，江苏省南京市国税局对辖区内大企业实施集中管理，在全国率先成立了第一家大企业专业化管理机构——大企业税收管理分局。全国税务系统多数地市级单位以直属分局为机构，对辖区内重点税源企业实施集中管理。在大企业标准的确定上，主要包括在本地区有代表性的、入库税收级次在中央级和省级的大型企业。通过集中管理的方式，大企业的专业化管理程度显著提高。

从当前这个时点看，大企业税收管理探索历程大致可分为以下三个阶段。

（一）以机构成立为标志的起步阶段

随着我国国民经济的快速发展和经济全球化的加速推进，一大批跨行业、跨地区甚至跨境经营的大企业特别是大型集团企业正在涌现，而这些大型集团企业普遍具有财务核算复杂、关联交易频繁、涉税事项庞杂、信息化程度较高等特点，这种涉税事项所具有的多样性、多量性、复杂性和独特性，对传统的属地化、碎片式的大企业税收管理模式带来了新的巨大挑战。

为适应经济社会发展对税收工作的要求，早在2001年，国家税务总局就明确提出了构建大企业税收管理机制的思路：对于大型企业（含大型涉外企业）、跨国公司，可以上收到地级局或者省级局内设的征收机构和管理机构集中征收管理。2005年，国家税务总局开始全面实行大企业的属地化管理。2006年，国家税务总局在属地管理的基础上,实行了税源专业化管理。2008年,国家税务总局成立了大企业税收管理司,并赋予其"承担大企业税收经济分析、税收风险分析和税源监控工作职责;指导税务系统大企业税收风险分析应对工作;组织开展大企业个性化纳税服务;指导海洋石油税收管理业务"等主要职责。各地也陆续成立了相应的大企业管理机构,开始了中国大企业税收专业化管理的探索实践。按照国际货币基金组织的说法,这成为"中国走向税收管理现代化的重要标志"。

同时,为解决税企之间信息严重不对称、企业总部主管税务机关与分支机构主管税务机关之间"管得着的看不见,看得见的管不着"的问题,2009年1月,确定了占我国企业税收20%左右的45户企业集团为总局定点联系企业,由大企业税收管理司直接组织实施相关税收管理与服务工作。坚持以"三不变"的原则为前提,即日常税收征管事项属地管理不变、税款归属和入库级次不变、国地税分工不变,各级税务机关积极探索大企业属地管理和专业化管理相结合的管理模式。经过几年的实践,概括起来,大体有以下几类:一是省局承担主要的大企业服务和管理职责。如海南国税以计算机网络为媒介,由省局承担大企业个性化纳税服务、税务审批、汇算清缴、风险评估和反避税等主要管理工作,主管税务机关负责登记管理、催报催缴、发票管理等日常事项。安徽省国税局将大企业管理职责划分为事务、监控、查处三类,监控类和查处类职责集中至省局,事务类由主管税务局机关负责。二是省局主要负责统筹、组织工作,市局承担更多的大企业服务和管理职责。如河南省国税局在部分城市成立大企业税收专业化管理机构,开始了市局管理实体化的探索。北京市国税局由市直属分局发布监控指标和风险特征,区(县)局大企业管理部门据此开展风险管理工作。三是日常税收征管实行属地适当集中。如浙江省国税局明确各区(县)局税源管理四科集中承担大企业税收属地管理事务。湖北省国税局在全省各市(县)试行开展定点联系企业集中管理,分类调整定点联系企业主管税务分局的工作职责。此外,上海市国税局、江苏省地税局等单位结合实际部门职责,将部分复杂管理事项(如税源监控、风险评估等)推送至省局(或市局)相关职能部门具体实施。

这一阶段,大企业税收专业化管理取得明显成效:主体管理制度初步建立,明确了以税收风险管理为导向的专业化工作要求,对企业和税务机关实施专业化管理进行了基本规范。建立了大企业名册管理制度,明确管理范围,厘清管理层级,梳理企业关联关系。税收服务和管理取得新突破,引导帮助企业完善内控机制,提高自我防控税收风险的能力。探索实施税源监控,强化针对性管理,进行专业化管理探索。信息化支持取得新进展,组织建设大企业税收管理信息平台,大企业信息管理系统网络版已经开通到省级,实现了数据网上报送。

通过大企业税收专业化管理工作的探索和创新,各级税务机关提高税法遵从度的工作目标更加清晰,以税收风险管理为导向的方法体系逐渐形成,服务和管理的制度机制渐趋完善,组织机构、人才队伍、信息化的保障更加有力,推动大企业税收专业化管理取得新突破的条件已经基本成熟。

(二) 以专业化管理为重点的发展阶段

2012年7月,全国税务系统召开深化税收征管改革工作会议。本次会议提出,要构建以明晰征纳双方权利和义务为前提,以风险管理为导向,以专业化管理为基础,以重点税源管理为着力点,以信息化为支撑的现代化税收征管体系,并将大企业税收专业化管理确定为税收征管改革的重要突破口,大力推进以风险防控为核心、按户集中服务和应对风险的大企业税收专业化管理。这意味着,经过大企业税收管理部门成立初期的探索,大企业税收管理工作进入了更加规范的发展阶段,并显现出与我国税收大征管改革进程进一步深度融合的趋势。

在制度建设方面,2011年7月,《大企业税收服务和管理规程(试行)》(国税发〔2011〕71号文件发布)出台,将税务机关实施大企业税收专业化管理的基本业务体系明确为遵从引导、遵从管控、遵从应对三个主要组成部分,将遵从管理理念落实为可操作的管理制度。其中遵从引导环节主要包括政策服务、涉税诉求受理和回复、引导企业建立完善税务风险内控体系、遵从协议签订和实施等工作;遵从管控环节主要包括税源监控、风险识别和风险评估等工作;遵从应对环节主要包括实施针对性管理、反馈与改进风险管理、遵从报告等工作。2013年,《国家税务总局定点联系企业名册管理办法》(国家税务总局公告2013年第18号发布)出台,规范了名册的范围、标准、内容、核实及信息反馈程序,对定点联系企业名册实施动态管理,进一步完善了大企业税收管理的基础工作。2014年2月,《关于税务总局定点联系企业税收风险管理工作有关事项的通知》(税总发〔2014〕26号文件发布)出台,对税收风险管理工作中风险评估、风险自查、税务审计、反馈提高等几个关键环节的工作内容进行了明确和规范。2014年9月,国家税务总局印发《关于加强税收风险管理工作的意见》（税总发〔2014〕105号），确立了大企业税收风险管理流程与税收征管整体流程的关系，强调了风险管理的一体化运行机制，完善了大企业税收风险管理工作的协作机制。

在工作机制探索方面，积极实践一体化运行机制。建立总局、省局两级统筹的工作机制，充分发挥总局"司令部"和成员企业属地主管税务机关"排头兵"的联动作用，提升复杂事项管理层级，规范税收执法尺度。采用集中系统业务骨干组建专业化团队、集中抽取总公司及成员企业财务数据、集中全国经验建立行业税收风险特征库、集中开展税务审计、集中在总局省局层面统筹的"五集中"方式，克服现有体制下大企业税收管理存在的"单兵对团队""信息不对称""能力不对等""看得见的管不着，管得着的看不见"等突出问题。

在实践工作方面，2011年10月，国家税务总局印发《关于大企业税收专业化管理试点工作的意见》（国税发〔2011〕105号），选择全国18个省（直辖市）国税局、地税局作为试点单位，以定点联系企业为对象，围绕个性化纳税服务、各级联动税源监控、针对性风险管理、实施信息共享、建立风险特征库和税务遵从评价体系和建立协作机制等六个方面工作，探索适合我国国情的大企业税收专业化管理模式。全国各级大企业税收管理部门在既定业务体系的范围内，进行了多项有益尝试。

开展大企业税源监控、大企业税收定期分析和大企业税收专题分析工作。及时监控企业关键指标的变化情况，对企业税源情况、税收风险情况做出初步判断，为税收风险管理、个性化服务等工作提供有力支持。形成大企业税收经济分析报告，开展银行、电力、烟草、通信、房地产等重点行业的系统调研和专题分析，通过对大企业税源进行税收风险分析和税收经济分析，发现国家宏观、中观和微观经济运行中存在的问题。

开展税收风险内控调查和测试。落实平衡治理、合作遵从的工作理念，对照《大企业税务风险管理指引（试行）》的有关要求，对大企业税务风险内控机制建设状况进行调查，初步分析内控建设可能存在的问题，为企业税务风险内控建设提出完善建议，帮助企业提高自我防控税务风险的能力，实现税企合作共赢。

签订《税收遵从合作协议》和《税收风险管理合作备忘录》。在税收风险内控调查和测试工作的基础上，选择纳税遵从意愿和纳税遵从能力较强的企业，与之签订税企合作协议，共同防范企业税收风险。2012年10月，国家税务总局与中海油、中国人寿、西门子等 3 户企业集团签订了《税收遵从合作协议》，随后又与烟草总公司签署了《税收风险管理合作备忘录》，与中冶集团签署了《遵从合作备忘录》。

探索全流程税收风险管理。将风险管理理论落实到大企业税收管理工作实践中，以全集团、全流程、全税种的视角，遵循风险导向，按照前期准备、企业自查、评估分析、案头审计、现场审计、反馈提高六个阶段对部分总局定点联系企业集团开展全面风险排查和应对。全流程税收风险管理是大企业税收部门成立后开展的征管资源投入较大、周期较长，但管理的覆盖面更广、工作更有深度的一项税收风险管理工作。

在信息技术手段应用方面，研发大企业税务审计软件，使之成为涵盖数据采集、内控测评、风险自查、风险分析、审计作业（包括案头审计和现场审计）等多个工具和系统的网络化平台。依托信息技术手段，通过网络虚拟空间实现工作任务推送、结果反馈、信息共享和跟踪问效，探索开展总局税务审计团队"一个大后台"和省级审计团队"多个小前端"的"1+X"管理方式下的网络同步税务审计。

（三）以税收现代化为目标的提升阶段

2015 年 11 月，中共中央办公厅、国务院办公厅印发《深化国税、地税征管体制改革方案》，要求到 2020 年建成与国家治理体系和治理能力现代化相匹配的现代税收征管体制，覆盖全系统的税收征管改革拉开序幕。其中，构建现代大企业税收管理新格局，是深化税源专业化管理改革的核心内容，是现代税收征管体系建设的重要组成部分和关键突破口。

《深化国税、地税征管体制改革方案》提出，适应企业经营多元化、跨区域、国际化的新趋势，转变税收征管方式，提高税收征管效能，着力解决税收征管针对性、有效性不强问题。

一是对纳税人实施分类分级管理。对企业纳税人按规模和行业，对自然人纳税人按收入和资产实行分类管理。以国家税务总局和省级税务局为主，集中开展行业风险分析和大企业、高收入高净值纳税人风险分析，运用第三方涉税信息对纳税申报情况进行比对，区分不同风险等级分别采取风险提示、约谈评估、税务稽查等方式进行差别化应对，有效防范和查处逃避税行为。二是提升大企业税收管理层级。对跨区域、跨国经营的大企业，在纳税申报等涉税基础事项实行属地管理、不改变税款入库级次的前提下，将其税收风险分析事项提升至国家税务总局、省级税务局集中进行，将分析结果推送相关税务机关做好应对。

2015年底，国家税务总局印发《深化大企业税收服务与管理改革实施方案》，明确大企业税收工作在征管体制改革过程中的主要任务。大企业税收管理工作将按照"分类管理、提升层级，平衡治理、合作遵从，风险导向、数据驱动，国地联合、部门协同"的工作原则，抓住全国1 062户企业集团（简称千户集团）这个"关键少数"，提升大企业税收服务与管理质效，为我国大企业持续健康发展提供良好的税收环境。按照实施方案，将大企业税收风险分析事项提升至国家税务总局、省级税务局集中处理，推动大企业税收服务深度融合、执法适度整合、信息高度聚合，切实解决大企业税收服务和管理中信息不对称、能力不对等、服务不到位、管理不适应等问题，提升税收服务与管理质效，为我国大企业持续健康发展提供良好的税收环境。在优化大企业个性化纳税服务方面，国家税务总局制定了四大类改革举措，以为纳税人提供税法适用确定性和税法执行统一性为核心，切实解决大企业涉税事项复杂性与税收政策不确定性之间的矛盾。在转变大企业税收管理方式方面，国家税务总局立足现行税务组织体系基本框架，提升大企业复杂事项的管理层级，通过科学设定分类分级管理规则，合理调整职责，重组工作流程，组织分类分级应对，在全国税务系统运行横向互动、纵向联动、全程可控的一体化大企业税收风险管理机制。转变大企业税收管理方式和创新税源监控分析是大企业税收服务与管理改革的重中之重。国家税务总局立足现行税务组织体系基本框架，提升大企业复杂事项的管理层级，突出自身专业化、集团化管理优势，开展千户集团税收风险分析，发挥以点带面作用，实现"精确制导"。大企业税收管理部门通过开展总局、省局两级税收风险统筹分析、实施风险任务统一推送差别化应对、加强风险应对过程管控、深化风险应对结果应用等项工作，使大企业税收管理以千户集团的税收分析为核心工作。

2016年12月，全国税务系统大企业税收管理工作会议召开，国家税务总局总经济师任荣发出席会议并讲话。任荣发强调，大企业税收管理改革是税收征管改革的"先手棋"，是构建现代税收征管体制的重要一步。各级税务机关一定要认清形势，牢牢抓住大企业税收管理改革的历史性机遇，将大企业税收管理改革置于国家税收治理的高度统筹考虑，整体推进。

今后大企业税收工作的总体工作思路是：紧紧抓住千户集团这一"关键少数"，

建成一个系统,力求两个突破,注重三个提升,完成四个转变,做到五个着力,全速推进大企业税收管理改革,率先实现大企业税收服务与管理现代化。

建成一个系统,就是建立全国统一的大企业税收管理系统;力求两个突破,就是在数据管理和指标体系研发上实现突破;注重三个提升,就是全面提升税收风险分析水平、税收经济分析水平和大企业纳税服务水平;完成四个转变,就是切实在管理理念、管理职能、管理方式和工作作风上实现转变;做到五个着力,就是要着力在思想认识、管理体制、工作机制、数据体系和人才队伍方面实现系统推进。

2017年的大企业税收工作,在进一步落实《深化国税、地税征管体制改革方案》的基础上,力求体制机制改革上实现重点突破。一是有条件的省市,原则上都要在机构设置数量不变的框架下,职能配置适应大企业税收管理改革要求,调配人员,明晰职责,做实管理,使大企业的风险管理和千户集团风险分析落到实处。二是进一步完善各类制度办法,加快制定大企业税收风险管理战略规划、税收分析业务规范、数据增值利用和经济分析等相关制度,认真落实千户集团纳税申报时附报财务报表事项内部管理制度,完善千户集团税收分析、风险应对、反馈考核工作机制,修订千户集团名册管理办法,明确风险分析中具体适用法律、法规的有关疑难问题。三是进一步明确大企业税收管理工作定位,厘清职责边界,完善总局和省局大企业部门统筹分析、上下联动工作机制,构建职责清晰、分工明确、衔接有序的大企业税收服务与管理岗责体系。

2018年的全国税务工作会议提出,要进一步深化大企业税收管理改革。一是要开展与国外上市大企业的对比分析,形成有分量、固定性的拳头产品;二是千户集团扩围至年纳税额1亿元以上的企业后,数据存储于省局并与国家税务总局实时共享;三是研究年内将千户集团扩围至年纳税额5 000万元以上的企业;四是加强对大企业税收管理的信息化支持,进一步实现更大范围的信息共享。

TAX OF LARGE BUSINESS
TEN YEARS OF RESEARCH ON
Basic Challenging Problems

第 2 章　标准界定

从税收意义上讲，大企业应该如何准确界定？这不仅是困扰各级税务机关的一个基本问题，也是困扰学术界和企业界的一个基本问题。这方面，国外有很多成熟的经验可以借鉴，而我国也在这方面做了长达10年的探索。

2.1 国外界定大企业标准的考量因素

由于经济发展程度、市场经济环境、宏观经济政策以及财政收支状况的不同，各国税务部门对大企业的认定标准并不相同，没有国际统一的标准。经济合作与发展组织（OECD）在2011年发起了一项调查，将大企业认定标准的要素概括为：营业额或销售收入总额、资产规模、每年度缴纳税款总额、属于特定行业（如银行、保险公司等）、有重要的国际商务活动等。各国税务部门根据本国国情，采取一种或几种明确的指标作为认定大企业纳税人的标准，明确大企业范围，有针对性地开展大企业税收管理工作，取得了良好效果。详细情况见表2-1。

表2-1　OECD成员国大企业认定标准及数量统计表（2011年）

国家	大企业纳税人的判定标准	大企业数量	全职员工人数
英国	大企业服务部门：营业收入超过6亿英镑，或资产超过20亿英镑。	778	3 457
	地方大型和复杂企业遵从部门：营业收入超过3 000万英镑，或员工超过250人。 以综合因素为标准，综合考虑了企业的雇员、营业收入、资本规模、管理的复杂程度等，具体标准如下： 1. 雇员人数超过250人的英国企业； 2. 雇员人数少于250人，但是营业额超过5 000万欧元，或者资产超过4 300万欧元的英国企业； 3. 由国外跨国集团公司拥有，英国雇员人数超过100人的英国企业； 4. 具有避税行为或者部分免税高风险等级的英国企业； 5. 营业额超过500万欧元并缴纳企业所得税的英国商业企业； 6. 大型并且复杂的合伙企业。	9 600	

续表

国家	大企业纳税人的判定标准	大企业数量	全职员工人数
美国	对大企业纳税人的认定采用的是资产规模标准。美国国内税务局将资产超过1 000万美元的公司、股份子公司、合伙公司认定为大中型企业，由大企业和国际税收管理局负责管理。大企业和国际税收管理局又把这些大企业分为两类：一是协调行业客户（CIC）。这类企业是指资产规模极大、经营业务类型多元化、管理环节很多、关联方关系复杂而需要审计小组进行协作审计的超大型企业，数量有1 200多家；二是一般的大中型企业（IC）。这类企业是除了CIC之外的资产规模在1 000万美元以上的企业。	244 623	6 414
澳大利亚	营业收入超过2.5亿澳元。	32 000	1 310
奥地利	营业收入超过968万欧元。	6 619	509
比利时	1. 负责发布年度合并报表的企业集团（至少包括一个大企业）； 2. 特殊领域的企业：通常包括金融业（银行、保险公司）、上市公司等； 3. 规模：至少满足以下两项：（a）营业额超过730万欧元；（b）资产总额：超过365万欧元； 4. 员工人数：50人以上； 5. 增值税纳税人，至少包含1个大企业。	—	—
加拿大	企业所得税：毛销售收入超过2.5亿加元。	399	510
加拿大	直接税（GST/HST）：毛销售收入超过1亿加元。	13 000	170
智利	每3年营业收入大于等于9万年度税收单位或者其他标准。	1 534	188
捷克	收入大于20亿克朗，银行、保险、集团性企业。	—	—
丹麦	集团总收入超过30亿丹麦克朗，员工人数超过250人。	2 000	225
芬兰	销售收入超过5 000万欧元。	4 000	139
法国	营业收入超过4亿欧元（不包括增值税或资产）和关联公司。	36 396	304
德国	1. 贸易行业：营业额超过730万欧元或利润超过28万欧元； 2. 制造业：营业额超过430万欧元或利润超过25万欧元； 3. 自由职业者：营业额超过470万欧元或利润超过58万欧元； 4. 金融机构：实际净资产超过1.4亿欧元或利润超过56万欧元；	194 000	—

续表

国家	大企业纳税人的判定标准	大企业数量	全职员工人数
德国	5. 保险业：保险费收入超过3 000万欧元； 6. 农林业：土地价值超过23万欧元或者利润超过12.5万欧元； 7. 其他企业：营业额超过560万欧元或者利润超过33万欧元。		
希腊	营业收入超过3 000万欧元，银行和保险。	—	—
匈牙利	银行、保险和其他2012年度税收超过32.4亿匈牙利福林的企业。	651	235
爱尔兰	收入超过1.62亿欧元或者税款超过1 600万欧元和金融服务业、高净值财富个人。	331	201
意大利	收入超过1亿欧元。	3 000	507
日本	资本超过1亿日元。	32 010	2 326
韩国	总收入超过500亿韩元。	5 185	
墨西哥	年营业额超过6.45亿比索、金融机构、合并申报企业、外国政府、国际组织、外交机构、联邦集中公共管理机构、国有石油企业、联邦社会保障机构、非居民、涉及国际税收征管机制相关事项的企业（例如：转让定价、资本弱化）。	17 248	1 368
荷兰	1. （阿姆斯特丹）证交所上市企业； 2. 标准加权资产价值超过2 500万欧元； 3. 境外母公司及其自身标准加权资产价值超过1 250万欧元； 4. 至少有5家国外子公司，其自身加权标准价值超过1 250万欧元； 5. 所有标准加权资产价值超过3 750万欧元的非营利组织； 6. 金融企业（银行、保险）、石油和天然气（煤气）企业（上游和下游企业）、能源供应企业； 7. 其他纳税人（涉及复杂事项且由另一超大企业监管的企业、高知名度企业或存在金融风险的企业）。	2 000	700
新西兰	收入超过1亿新西兰元，或在特殊行业或适用特殊税法。	15 600	177
挪威	营业收入超过50亿挪威克朗（NOK）；其他标准。从2015年起，营业额或资产总额超过10亿挪威克朗的纳税人；营业额或者资产总额超过30亿挪威克朗的纳税人由大企业办公室对其进行评估。	3 066	53
葡萄牙	营业收入。	426	—

续表

国家	大企业纳税人的判定标准	大企业数量	全职员工人数
波兰	多个标准：每年收入超过500万波兰兹罗提，银行，保险等。包括缴纳资本税（capital tax）的企业、银行、保险公司、证券交易公司、投资基金公司、养老基金、外资企业的分支机构或代表处；上年净利润500万欧元以上的企业；直接或间接参与管理、控制、参股境外公司的企业；由非居民直接或间接管理的企业；由非居民在股东大会或董事会持有超过5%有表决股份的企业；居民企业以合资方式直接或间接持股境内外企业。	66 126	2 442
斯洛伐克	收入超过4 000万欧元、银行、外资银行分行、保险。	640	74
斯洛文尼亚	营业收入超过5 000万欧元。	446	57
西班牙	营业收入超过1亿欧元，大型集团、主要银行和保险企业。	2 795	915
瑞典	集团超过800人，每年支付工资超过5 000万瑞典克朗；由瑞典财政监管的公司。	350/集团 15 000	375
土耳其	混合标准：收入、缴纳税款金额、资产、员工、行业。	841	195

从国际货币基金组织（IMF）也对大企业的认定标准的要素给予了关注，简单从IMF和OECD统计结果看，大企业认定标准的要素基本类似。国际货币基金组织大企业认定标准统计表见表2-2。

表2-2　　　　　国际货币基金组织大企业认定标准统计表

国家	销售额	资产额	纳税额	国际经营活动	经营门类	其他
澳大利亚	√			√	√	
巴西	√					√
加拿大		√				
法国	√					
印度			√			
日本		√		√		
韩国						
荷兰			√	√	√	√
英国	√	√				√
美国		√				

2.1.1 大企业认定标准的国际比较

各国的大企业认定标准并不相同,在认定方法上大多是从资产、营业额、注册资本和纳税额等方面来定义大企业,同时兼顾其他因素。大体上可以分为单一标准和复合标准两类,从数量看,采用复合标准的国家相对较多。

1. 单一标准

(1) 日本。日本国税厅把注册资本大于1亿日元的国内企业及外国公司(包括常设机构)认定为大企业。企业注册资本比较稳定,受经济状况影响不大。

(2) 加拿大。加拿大采用单一的营业收入标准,将营业收入超过2.5亿加元的企业认定为大企业。

(3) 芬兰。芬兰将销售收入作为单一标准,超过5 000万欧元的企业即认定为大企业。

(4) 意大利。意大利也将营业收入作为单一标准,超过1亿欧元的企业即认定为大企业。

2. 复合标准

(1) 美国。美国的大企业主要是从资产方面来划分的,同时考虑国际因素。美国大企业税收管理机构把资产在1 000万美元以上的公司和流通企业定义为大企业,在实际管理中又将以上大企业细分为经营活动复杂,需要审计小组重点审计的超级大型企业和一般类型的企业两类。二次划分的依据是公司资产价值、子公司的数量、税务审计中所需专家人数以及收入数额。

(2) 英国。英国的大企业定义标准较高,在确定大企业时,综合考虑企业的收入、利润、资本额、国际化背景、过去行为、雇员人数等。具体为:企业雇员人数超过250人的英国企业;雇员人数虽然少于250人,但营业收入超过5 000万欧元,或者资产超过4 300万欧元的英国企业;被外国跨国公司控股,且英国雇员人数超过100人的英国企业;具有较高税收风险的英国商业企业;由于建筑行业、金融业、保险经纪业的经营具有复杂性和特殊性,管理局将整个行业纳入管理范围。

（3）澳大利亚。澳大利亚的大企业主要从企业的营业收入额来定义，同时考虑特殊行业因素。其认定标准为年营业收入超过 2.5 亿澳元的经济集团和单一企业和银行、保险公司、石油租金资源税（PRRT）纳税人。需要关注的是，澳大利亚将集团公司当作整体而不是各自独立的企业。大企业的子公司不论收入多少，均纳入大企业管理。

（4）法国。法国综合考虑营业收入、资产因素、控股因素和会计因素标准。对于营业收入或资产超过 4 亿欧元，直接拥有大企业 50% 以上股份的股东实体，拥有集团成员企业 50% 以上股份，隶属于合并报税集团的成员实体作为大企业管理。

（5）爱尔兰。爱尔兰将营业收入超过 1.62 亿欧元或全税种纳税额大于 1 600 万欧元的公司集团，金融服务业（银行、保险和养老金），净财富超过 5 000 万欧元或所得超过 130 万欧元的高净财富个人，在爱尔兰有实质经济利益的非居民作为大企业管理的对象。

（6）荷兰。荷兰考虑上市因素、纳税因素、国际因素、行业因素、税收管理因素、特殊实体因素等来认定大企业。具体标准为：阿姆斯特丹或外国股票交易所上市；全税种纳税额超过 2 500 万欧元；有外资持股且全税种纳税额超过 1 250 万欧元；有 5 个以上外国子公司或常设机构，且全税种纳税额超过 1 250 万欧元；属于特定行业集团，如银行和保险业，能源和环境、石油天然气企业；签订了预约定价安排的企业。此外，一些特殊实体，比如居民超过 10 万人的大城市的市政府、大型医院、大型建设项目、大学等也在荷兰大企业税收管理局管理之列。

2.1.2 国际上大企业认定标准的构成要素

各国关于大企业的认定标准多有不同，但标准的包含的要素相对集中。归纳起来，国际上大企业纳税人的认定标准的要素主要包括经营规模、资产规模、注册资本、纳税额、雇员数量、特定行业（如银行、保险、石油等）、从事国际经营活动等方面。

（1）销售或营业收入。营业收入标准可以较为真实地反映大企业的经营业务过程中所形成的经济利益的总流入，如实展现经营业务的复杂性。同时，营业收入高的企业流转税税基相对较大，兼顾了税源管理和风险管理的需要。

（2）资产。资产是衡量企业规模大小的重要指标，可以全面地反映大企业经营的复杂性和多样性。

（3）注册资本。注册资本比营业收入波动小，而且受经济状况等外来因素影响较小。这使得大企业认定工作操作性强，企业数量也较为稳定。这类标准的缺点在于企业可人为调整注册资本，规避纳入大企业管理。

（4）特殊行业或经营活动。某些企业所处行业生产经营非常特殊或复杂，或者有大量的境外关联交易，有必要将此类企业单独进行管理。

从国际上认定大企业的要素来看，多数国家采用复合标准，多维度定义大企业。随着经济和社会的发展，大企业也在不断发展壮大，大企业的标准也应当随着企业的发展而更新变化。除此之外，部分国家还将"高净值个人"交由大企业税收管理局管理。

2.2 我国界定大企业标准的实践

同世界先进国家相比，我国也在探索大企业税收管理专业化，对于框定名单范围内的大企业集团进行专门管理。我国确定大企业税收管理对象，大体经历了两个阶段，第一阶段是定点联系企业，第二阶段是千户集团。

2.2.1 定点联系企业（2009—2015年）

2008年国家税务总局研究决定，选择45户大企业集团作为首批定点联系企业[1]，由国家税务总局大企业税收管理司直接组织实施相关税收管理与服务工作。确定这45家定点联系企业时，考虑的因素较多，除纳税额外，还有营业总额，所有制形式（国有、私营）、资本构成（内资、外资）、在所在行业中的影响力等。45家定点联系企业不是法人概念，囊括了集团的总部及其成员企业。

国家税务总局一开始并没有确定税收意义上的大企业标准，对确定定点联

---

[1] 在具体推行的过程中，为了解决部分省级税务机关大企业税收管理工作量不饱和的问题，又提出了与定点联系企业相关联的概念：列名管理企业，由各省局和市局按照一定的标准自行选定。

系企业的要素的具体下限也没有明确披露，目的是通过对这些代表性企业税收管理与服务方面的探索，逐步摸索出一套行之有效的管理和服务模式，然后向全国推广。这是一个"小步快走"的思路，以尽可能地控制改革成本，在最大范围内取得改革的成功。

2008年以来，各省级大企业税收管理部门参照国家税务总局的做法和标准，确定本省定点联系企业或列名企业。各省国税局、地税局在配合税务总局做好45户大企业集团本地成员企业各项工作的同时，探索开展本省定点联系企业或列名企业个性化纳税服务和税收风险管理工作。从实际情况来看，各地税务机关在确定定点联系企业时，衡量的标准又各不相同。在发达省份，一个年纳税额超过百亿元的企业才有可能被认定为大企业，而在一些经济欠发达的省份，一个年纳税额过千万的企业就能被贴上大企业的标签。

例如，江苏省国税局借鉴国际经验，在筛选定点联系的大企业时参照的指标有10个，其中3个是主指标，即注册资本、营业收入、跨国关联交易额，7个是辅助指标，即大型跨国公司投资的企业、海内外上市企业、特殊行业（企业）、投资性公司、总局定点联系企业在江苏的机构等。同时还规定，属于新增符合标准企业或原定企业连续三年不满足标准的，报省局同意后调整。[1]

内蒙古自治区国税局在确定定点联系企业时有如下三个原则：一是企业规模较大，税收收入较高，在当地经济社会发展中影响较大；二是企业集团管理与决策相对集中，成员企业分布较广；三是具有行业和所有制代表性。经过筛选，涉及金融、能源、制造等9个行业的20户企业成为定点联系企业。[2]

山西省国税局确定定点联系企业时的原则也有三个：一是资产总额或年销售额或年纳税额达到一定规模；二是从事特定行业；三是跨地域生产经营。在此基础上结合山西大企业的分布情况和行业特点，参考山西省企业集团纳税500强和山西省国有资产监督委员会省属企业进行选定。[3]

"定点联系企业"的提法，在中国第一次将限定范围的大企业作为一个群体进行管理，为大企业税收专业化管理进行了极富意义的探索。当然，定点联系企业并没有明确大企业的认定标准。这种情况下，省级及其以下税务机关，在

---

[1] 资料来源：《江苏省国税局关于印发江苏省国家税务局大企业筛选标准和省局定点联系企业名单的通知》（苏国税函〔2009〕392号）。
[2] 内蒙古新闻网，http://gov.nmgnews.com.cn/system/2010/05/10/010431251.shtml#。
[3] 山西省国家税务局网站，http://www.tax.sx.cn/news_detail.asp?pid=228&cid=&nid=2395。

具体实施税收风险管理的时候,出现了一定的模糊和混乱问题。

2.2.2 千户集团企业(2015年至今)

2015年,随着《深化国税、地税征管体制改革方案》和《深化大企业税收服务与管理改革实施方案》的发布,国家税务总局决定开展全国千户集团税收风险分析工作,选取全国1 000户左右的企业集团作为重点样本,以风险管理为导向,深入挖掘税务系统内外部数据的价值,打开征管改革突破口,大企业税收管理的思路和方向也予以了相应调整,对45户定点联系企业的管理对象范围进行扩大,提升大企业复杂事项的税收管理层级并开展大企业税收风险分析,逐步加大对大企业的税收管理力度。从此,国家税务总局大企业税收管理司的管理对象从定点联系企业转向千户集团,"千户集团"成了一个专有名词。

2015年的千户集团是指在国际或国内排名靠前、税收规模大、具有行业代表性与良好成长型的企业集团及其成员单位。[1]其中,在国际或国内排名靠前指的是根据世界500强、中国500强、民营企业500强等信息,选择排名靠前的国际或国内企业,从前往后进行筛选;税收规模大是指2014年度集团企业纳税总额排名前3 000位以内的企业集团;行业代表性则是指企业集团在同行业中位居领导者或第一方阵,其产品具有品牌号召力和较强的定价能力,主要依据行业协会的统计数据;良好的成长性则是指新兴业态发展速度快,比如电子商务、国家七大战略新兴产业以及契合国家重大战略布局如"一带一路"的企业集团。

按照这一思路,国家税务总局下发《国家税务总局办公厅关于开展全国千户集团名册管理工作有关事项的通知》[2],收集整理千户集团信息,其中成员企业口径标准为:内资企业为纳入企业集团合并报表范围且进行税务登记的境内各级分公司和子公司,以及境外控股公司;外资企业为全球总部控股并在中国境内进行税务登记的各级分公司和子公司。后期又对千户集团成员企业名册进行了多次整理,对集团企业和成员企业进行了数据采集规范。[3]

---

[1] 经济观察报,http://mt.sohu.com/20150726/n417537260.shtml.
[2] 乐税网,http://www.leshui365.com/law/kfg16184010.html.
[3] 上海徐汇区税务局官方网站,http://www.tax.sh.gov.cn/xhtax/ssxc/nsrxx/ztjd/201608/t20160809_426347.html.

根据国家税务总局要求，省级税务机关也开始对千户集团企业及相关列名企业进行管理，多数省市大企业包括好多层次。如湖北省大企业税收管理部门列名管理大企业由三个层面的企业构成[1]：一是千户集团企业在湖北的成员单位，基本涵盖了省内烟草、石油化工、金融、电力、电信、交通运输及邮政、建筑及房地产、电子机械及技术服务等各行各业的主导企业（国家税务总局原定的45户定点联系企业成员单位，以及部分省局定点联系企业全部包括在内），纳入国家税务总局千户集团管理范围的总部在湖北的企业集团有24户；二是首批省级国地税局联合列名管理大企业，省国税局定点联系企业有8户（其他8户列入国家税务总局千户集团名单）；三是各市州国地税确定的列名管理企业。

2017年4月，国家税务总局正式对外发布《千户集团名册管理办法》，对千户集团进行了官方权威定义。根据规定，千户集团是指年度缴纳税额达到国家税务总局管理服务标准的企业集团，包括全部中央企业、中央金融企业以及达到上述标准的单一法人企业等。在名册管理上，要求对内资企业集团和外资企业集团分别进行管理，内资企业集团为纳入企业合并会计报表范围，或虽未编制合并会计报表，但为集团控制且办理了工商或税务登记的境内各级分公司和子公司、控股的境外公司以及其他涉税组织机构。其中，集团控制是指投资方拥有对被投资方的权力，通过参与被投资方的相关活动而享有可变回报，并且有能力运用对被投资方的权力影响其回报金额；外资企业集团为全球总部控股并在中国境内办理了工商或税务登记的各级分公司和子公司以及其他涉税组织机构。千户集团名单保持总体稳定、个别调整，实行动态管理，由国家税务总局确定并定期发布，《千户集团名册管理办法》对千户集团企业的新增或由于合并重组、破产、注销等事项调出千户集团做出了明确规定，并对千户集团企业、省级税务机关、国家税务总局的职责提出了明确要求。

从《千户集团名册管理办法》看，纳入千户集团管理的主要标准有纳税额达到一定规模、特殊行业（如金融）、所有制形式（如中央企业）等，具体的标准没有对外披露。

---

[1] 湖北国税官方网站，http://www.hb-n-tax.gov.cn/art/2016/10/28/art_25622_522635.html。

2.3 建立我国税收意义的大企业标准及建议

2.3.1 建立大企业标准的必要性

就我国当前的情况看,在税收政策、征管制度已经实现统一的情况下,专业化管理的合理性来源于税收管理的特殊性,这种特殊性又决定了大企业标准的表现形式必然是统一规范的。只有用统一的标准筛选出的大企业,才具有特殊的税收管理共性,税务机关才能采取有针对性的管理措施,专业化管理的必要性才能转变成提高征管效率的现实性,以上环节环环相扣、不可或缺、不可颠倒。因此,确定全国统一的大企业标准是税收征管改革的内在要求。目前,由于没有确定全国统一的大企业标准,通过定点联系企业或千户集团探索大企业税收风险管理的实现路径,无论在理念上还是在实际操作中都出现了一些问题。因此,应该尽快确定全国统一的大企业标准。

一方面,由于缺乏明确的认定标准,无论是 45 家定点联系企业还是千户集团,其名单报送范围基本涵盖集团所有进行税务登记的境内各级分公司和子公司、境外控股公司以及其他涉税组织机构。大多数集团企业成员层级众多,有的甚至与集团总部相隔七八个层级。据了解,石油炼化类企业的加油站、银行的网点等都作为千户集团成员企业进行管理,大企业税收管理的触角覆盖越广,管理的边际成本越高,管理的质效则越低。要提升大企业税收管理质效,必须明确税收管理的覆盖范围,确定大企业管理的标准。

另一方面,虽然对千户集团及其成员企业名册管理下了很大力气,名册的准确性却很难得到充分保障。虽然有一些千户集团企业是高度总部集权,但同时有一些则是总部松散管理,甚至企业总部自身都无法准确获取其跨越多个层级的子公司或分公司的具体信息。这样,要对所有千户集团及其成员企业进行面面俱到的管理与服务在事实上很难做到。尤其随着国家大力推进国企改革,国有企业从"管资产"向"管资本"转型,大型国有企业将根据所投入资本的多少和比重,获取相应的权益并承担一定的责任,集团的股权结构会进一步分散。对某些集团来说,集团控制会进一步弱化,成员企业的概念会逐步淡化。国家对国有企业管理思路的转变,要求税务机关进一步优化调整对国有企业集团税收管理和服务的思路,对某些大企业来说,有必要按照企业规模而不是股权结构进行税收管理并提供服务。

2.3.2 建立大企业标准的建议

1. 建立税收意义的大企业标准

建立税收意义的大企业标准是非常复杂的。一方面,中国作为全球第二大经济体,在吸引外资的同时,中国企业也在"走出去",尤其是随着"一带一路"战略的实施,筹资与投资的双向性使得中国企业与世界性企业日趋类似;另一方面,中国国土面积辽阔,区域经济发展不平衡,使得企业规模、产业聚集等特点各不相同。因此,我国应该在参考国际经验的同时,从中国实际出发,特别是结合多层级的国有企业这一特殊的股权结构形式,通盘考虑税收管理的共性,建立全国统一的税收意义的大企业标准。

(1) 确定大企业标准的主要指标。归纳国际上通行的营业收入、资产规模、纳税总额、职工人数等数量型认定要素可以发现,这四个要素存在相当的正相关性。国际上虽有一些国家采用单一指标作为大企业标准,但也有很多国家采用复合标准,进而提高对大企业界定的准确性。值得注意的是,职工人数要素有一定缺陷,一是会把规模大、不盈利,且纳税潜力低的部分国有企业纳入进来;二是目前已经采集到的企业职工人数的数据并不可靠。因此,从数量型指标来说,营业收入、资产规模、纳税总额应该是构成大企业标准的主要指标。

此外,是否有跨区域(国)经营活动也应该作为大企业认定标准的重要类别指标,这既是解决"管得着看不见、看得见管不着"的重要应对手段,也是适应企业经验区域化、国际化的现实要求。

(2) 形成大企业标准的辅助指标。特殊行业、企业类型地域特点应该作为大企业认定标准的辅助要素。中国某些行业具有非常鲜明的特点,比如烟草业、银行业不论在组织形式上还是税收法律法规设计上都与其他行业有明显的不同,石化业等行业则由一家或几家企业作为行业的垄断性市场主体参与经济活动,对这些特殊行业需要单独进行管理。在某些地域上,企业类型与其他地域显著不同,例如,北京、上海呈现出总部经济的特点,企业的总部在上述区域大规模聚集;中西部地区资源性企业较多,新经济类型较少;江苏、浙江、福建等地区外向型经济发达。因此，区域性的企业分布特点也应该作为认定大企业的辅助要素。

在确定主要和辅助指标后，基于全国企业国地税征管数据，各级大企业税收管理机构应结合其管理能力，在深入调查研究，统计分析之后，应设定每个指标的下限，统筹考虑后形成法人意义上的大企业标准。在确认大企业名单前，应根据其股权结构的分布、经营管理权的是否独立等因素梳理大企业的口径，制定不同的管理与服务策略。对于经营管理权高度集中于总部的企业，应当以集团为口径归集大企业标准认定的各个要素，将集团作为对象进行管理和服务；对股权机构分散或其他因素导致的不宜按集团归集的企业，则应以单一企业作为独立对象进行管理和服务，最终确定税收意义的大企业名单。

2. 大企业认定标准的其他考虑因素

（1）以集团为抓手设定成员企业标准。从现实看，集团性的大企业仍然是主流，对于这类企业，在确定大企业名单时要注意以下几点：一是有些企业集团的成员企业，就其单个而论，并不符合大企业认定标准，但整个集团却符合标准。将整个集团作为一个整体加以管理，并在该集团范围内适当下调成员企业的大企业标准，以便更好地控制关联交易，避免利用关联交易逃避税；二是对于集团企业要充分考虑其子公司或分支机构的层级结构是否满足管理和服务的要求，即不能对该集团的全部子公司或分支机构进行无死角管理，要建立集团成员企业纳入大企业税收管理机构管辖的标准，建议在紧紧抓住大企业中骨干企业的同时，舍弃部分规模过小、层级太低或涉税事项简单的成员企业，把有限的大企业税收管理力量投入到大企业重要骨干成员企业这一重要的群体中，做好上述企业的风险管理和纳税服务。

（2）优化动态调整机制。大企业管理名单确定以后，国家税务总局基于当前各级税务机关大企业税收管理部门的实际情况，确定税收意义上的大企业名单。根据大企业的分布情况，确定大企业的管理与服务主体。同时要高度关注经济发展情况尤其是新兴经济业态的发展趋势，大企业名单要按照固定的时间间隔进行更新，将不符合条件的大企业剔除出名单，将符合条件的大企业逐步调整充实进来。

随着经济和社会的发展，大企业也在不断发展壮大，大企业的标准也应当随着企业的发展而更新变化。因而大企业的标准将会是一个动态标准，以符合国情为基础，建议每三年调整一次。

（3）充分考虑地域差异。从我国现实看，不同省市经济发展水平不一，这决定了大企业在不同省市的分布有很大差异。建议各省级大企业税收管理部门，应该根据其实际管理与服务能力，以税收管理共性作为核心要素，谨慎确定大企业税收管理范围。各省自行确定大企业名单时，要充分考虑地域差异。如果国家税务总局确定的大企业名单，已经让参与管理的大企业税收管理部门的工作量达到饱和，省级大企业税收管理部门只负责按国家税务总局确定的名单进行税收管理即可；如果大企业税收管理部门的工作量没有达到饱和，各省可以根据大企业标准认定的要素另行选择若干家大企业纳入其管理范围。

TAX OF LARGE BUSINESS
TEN YEARS OF RESEARCH ON
Basic Challenging Problems

第3章 理论体系

3.1 国外经典理论及其应用

纵观国外税收管理发展历程,税收管理理论随着经济社会发展和各种理论创新的发展而发展。各国的政策、立法环境、行政行为、文化背景和税收管辖权等各不相同,税收管理理论有着不同的发展轨迹。在 OECD、IMF 等的积极推动下,逐渐形成了包括风险管理、分类管理、合作遵从、平衡治理、纳税服务、新公共管理和冰山理论等税收管理理论体系。

3.1.1 风险管理理论

风险管理理论起源于 20 世纪 30 年代,其核心思想是如何以最有效的方式分配现有资源,以最小的成本获得最佳结果。

"风险管理"一词,最早是由美国宾夕法尼亚大学的所罗门·许布纳博士于 1930 年美国管理协会发起的一个保险问题会议上提出的。1956 年,拉赛尔·加拉尔在《哈佛商业评论》(*Harvard Business Review*)上发表名为"风险管理——成本控制的新名词"的文章,最早论及了风险管理。美国著名金融学家彼得·伯恩斯坦认为,风险管理的重要性无论怎么强调都不过分,它甚至"超越了人类在科学、技术和社会制度方面取得的进步"。20 世纪 70 年代以后,风险管理成为一门科学。美国、英国、澳大利亚、新西兰等国家先后颁布了风险管理体系框架或国家风险管理标准。目前,作为一种管理科学,风险管理在我国政府管理、央企管理、财务管理、审计、金融、保险等领域管理日益受到关注。

风险管理,就是人们在日常活动中,通过对风险因素、风险环境、风险事件的分析,采取相应决策和行动来规避和减小风险损失,或者在风险确定的情况下,追求最大收益的行为。

风险管理过程一般包括风险规划、风险识别、风险评价、风险处理和风险监控等阶段。风险管理属于管理学范畴,主要解决管理中的管理资源、管理体系、管理体制和组织目标实现的方式问题。

随着风险管理理论在企业管理实践中不断得到验证,一些发达国家的税务机关把风险管理的理念和方法引入了税收管理领域。在实践中,税收风险管理要实现的目标是促使纳税人的税务规划、经营决策和日常经营活动、纳税申报和税款缴纳、税务登记、账簿凭证管理、税务档案管理以及税务资料的准备和报备等事项符合税法规定,并促使纳税人税务事项的会计处理符合相关会计制度或准则以及相关法律法规的规定。

1997年,OECD下属财政事务委员会(CFA)首次阐述了税收风险管理的概念,通过《风险管理》的应用指引,对在税收管理领域中应用风险管理模型进行了简要描述。2002年,OECD战略管理论坛一致同意,为促进税法遵从风险管理的实践应用,特别是对中小企业税法遵从风险管理,提供更加全面的指导。2002年5月,来自OECD成员国的税务官员在伦敦召开会议,主要关注影响中小企业国内税法遵从问题。2004年10月,OECD批准了《遵从风险管理:管理和改进税收遵从》的税收风险管理应用指引,澳大利亚、美国、法国、德国、日本等近20个国家的税务专家参与报告的起草工作。

2008年,OECD在南非开普敦召开了税收管理论坛第四次会议,讨论了大企业税收风险管理的相关问题,一致认为:通过运用风险管理的理念和方法,确定、分析纳税人风险并确定风险等级排序,预测各种可能出现的税法遵从风险,制定风险防范策略,优化各种税收风险管理技术,有效控制风险,通过更加有效地配置有限的税收管理资源,努力把税法不遵从风险控制在最小限度内。

目前,许多发达国家税务机关把风险管理理念和方法引入税收管理领域,通过更加有效地配置税收管理资源,寻求实现最佳的税法遵从目标。根据实施主体的不同,学界将涉税风险分为税收风险管理和税务风险管理。税收风险是指在征税过程中,由于制度缺陷,政策和管理失误,以及种种不可控制的因素所引起的税源状况恶化、税收调节功能减弱、税收增长乏力、最终导致税收收入不能满足政府实现职能需要的一种可能性。税收风险管理主体是税务机关,对象是纳税人。税收风险管理力求把风险导致的各种不利后果减少到最低限度。税务风险是指税收政策变动、纳税人行为不当等因素可能导致纳税义务履行的风险,其实施主体是纳税人,对象是企业内部的涉税活动。

在税收实践中,OECD的税收风险管理模型和欧盟的税收风险管理模型各有特点。

OECD 的税收风险管理模型是一个循环过程：确定目标——风险识别——风险评估——风险处置——执行监控——风险目标。它将税法遵从风险定义为纳税人未能履行法定税收义务所产生的风险。该模型主要包括税法遵从风险管理的含义、工作背景、风险识别、风险评估与分级、遵从行为分析和遵从策略、结果评估等六个方面的内容。其流程包括识别、分析、评估、处理四个环节。其优势是税务机关可以运用风险管理的原则来优化自身有限资源的配置，从而取得一个最佳的税法遵从策略。以往的征管模式是一种措施应对所有不遵从行为，而通过税收风险管理可以识别出不遵从行为背后的影响因素，因此能够针对不同类型纳税人的税收风险，制定出有针对性的差异化措施。

欧盟的税收风险管理模型将风险管理过程视为一个循环：风险识别——风险分析——风险评估和排序——处理和评价，同时将风险管理策略纳入其中。把风险管理界定为能够提高税务机关风险应对效力的一种手段，强调税收管理部门应考虑内部和外部的环境，合理配置征管资源，并且根据不断变化的经济和社会环境来调整税务部门的征管行为。

3.1.2 分类管理理论

1897 年，帕累托在研究个人收入分布状态时发明了著名的帕累托图。该方法的核心思想是在决定一个事物的众多因素中识别出少数的、对事物起决定作用的关键因素，多数的、对事物影响较少的次要因素。1951 年，管理学家戴克将帕累托法应用于库存管理，命名为 ABC 法。1963 年，彼得·德鲁克将 ABC 法进行推广，使 ABC 法成为企业提高效益的普遍应用的管理方法。ABC 法实际上就是分类管理法。

20 世纪 90 年代以来，随着经济全球化和世界经济一体化的迅猛发展，纳税人的国内和国际交易日趋多样和复杂，传统的按税种或按功能设置税收管理机构的方式，已远远不能满足纳税人发展的需要。分类管理理论是伴随全球行政管理改革而产生的。

2001 年 5 月，OECD 发布的专题报告《风险管理——实践篇》指出，不同类型的纳税人在遵守税法上有不同的问题，其不守法的机会和原因也各不相同。

税收管理无论是在税制、机构还是管理方法上都应强调以纳税人为中心，关注纳税人的需要，为此有必要对不同类型的纳税人实行分类管理。把纳税人按照不同的标准分成不同类型，比如按行业分类、按企业规模分类、按企业性质分类等，针对同一类型的纳税人进行专门化管理。根据不同类型纳税人的不同特征，采取更有针对性的措施，是降低税务成本、实现效益最大化的有效途径。分类管理以纳税人为中心，对特定纳税人进行专门管理，对不同的纳税群体采取不同的管理方式，制定不同的管理重点，较好地体现了税收管理效益至上的原则。

同时，不同类型纳税人的税务风险是不同的，正是由于风险不同，应对风险的措施也应有所不同。这就要求对纳税人进行群体分类，对纳税群体逐一进行风险评估，将税收管理的侧重点倾向于税收风险高的纳税群体，对其制定详尽的税务风险应对程序和方法，建立风险评估体系，提高税收管理效率。

OECD主要成员国的税收实践表明，实行分类管理，有利于管理的专门化、成本的最小化、服务的最优化，有利于执法的统一性、人才的聚集性、复杂问题处理的有效性。从OECD成员国的情况来看，大部分国家在按照征管功能设置税收管理机构的基础上，设置多功能机构负责大型纳税人的税收管理，这已成为全球税收管理的一大亮点。澳大利亚联邦税务局（ATO）是率先尝试这种税收征管模式的机构之一。1994年，该局把企业纳税领域分为大企业领域和小企业领域两部分，把资源投入到税源规模最大、情况最复杂的征管方面。美国国内税务局（IRS）于2000年成立大中型企业税收管理机构（LMSB），从纯粹的区域性组织机构转变为与企业类型相对应的组织机构，确立了通过公平执法为纳税人提供优质服务的目标，针对纳税人的不同特点提供相应的服务。英国国内收入局（IR）在1997年成立大企业税收管理局（LBO），包括13个大企业办公室，负责处理公司税事宜，目的在于确保大企业和高收入者能依法纳税，帮助纳税人遵守纳税义务，保证税收收入及时足额入库。

根据分类管理理论，对大企业进行分类税收管理正是改进传统税收管理模式，实行现代化税收管理模式的表现。大企业经营的特点，要求税务机关成立专门的机构，组织专业队伍加强对大企业进行税收管理，解决纳税人涉税的个性化问题，提高其税法遵从度，降低税务风险。从美国、澳大利亚、荷兰和日本等发达国家的实践看，通过对大企业、中小企业、社会组织和个人实施差异化的管理和服务，很大程度上提升了税收管理质效，减少了税收流失。

3.1.3 合作遵从理论

1. 理论由来

税收遵从理论研究始于20世纪70年代的美国，是以研究偷逃税为起点的。同一时期，澳大利亚和南非两国也开始了类似实践。在2008年税收征管论坛（FTA）出版的《税务中介作用研究》中，合作遵从作为税收管理理论被首次提出。该书分析了税务部门、纳税人和税务中介三者间的关系，同时鼓励纳税人和税务部门建立合作和信任关系。2013年，FTA发布《合作遵从：框架——从强化关系到合作遵从》，在原有"强化征纳关系"的基础上，明确了"合作遵从"的概念。

2. 税收领域的应用

税务机关税法遵从风险管理策略和纳税人的遵从态度是合作遵从理论的两个基础。OECD遵从策略，主要基于一个可以影响纳税人行为因素的遵从模型（如图3-1所示）。

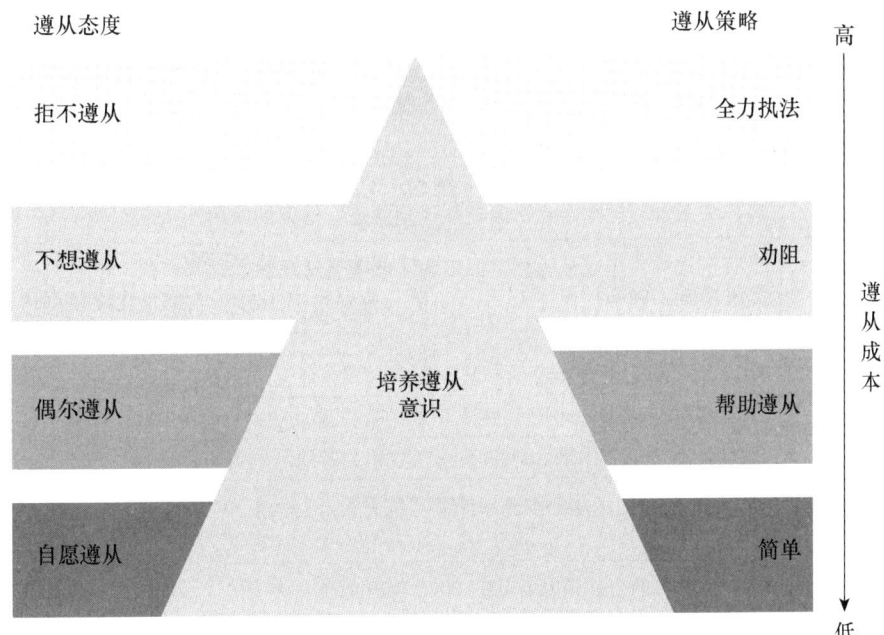

图3-1 遵从模型

该模型旨在让纳税人形成"倾向去做正确的事"的态度,通过观念的灌输降低税法遵从的成本。税务部门的基本功能是依法征税,要实现这一目标,遵从风险管理是至关重要的。现代遵从风险管理策略的重点是对每类纳税人给予相应的关注,对遵从行为和不遵从行为予以区别对待。

合作遵从的前提是依法治税。首先要求纳税人要依法纳税,同时也要求税务机关要依法征税。法律面前人人平等的原则在本质上要求,在同一情况下的公民应当以同样的方式被对待,并且在出现问题的情况下,处理方式的差异应建立在客观差异的基础上。

合作遵从能够实施的重要基础是,税务机关制定明确的遵从风险管理战略,建立全面税收风险框架,并研究影响税法遵从的商业环境和纳税人行为动机,制定风险管理策略,以便更有针对性、更有效地分配可用资源。各国的合作遵从模型见表3-1。

表3-1　　　　　　　　　　各国的合作遵从模型

国家	合作遵从模型
美国	"遵从保证流程"自2005年的试点后开始调整完善,于2012年变为日常流程。
澳大利亚	2001年建立合作遵从模型。具有代表性的产品是遵从年度报告(ACA)。
俄罗斯	2012年底,与四个主要行业正式签署了"平等监控——增强信息交换"的合作协议。目的是以透明性原则为基础,建立税务机构与公司之间互动的新模式。
英国	2008年引入了适用于大型企业纳税人的官方合作遵从模型,该模型是基于客户关系管理模型与"税务遵从风险管理"框架的应用。
德国	没有正式的合作遵从模型。但是为了改善遵从现状,联邦(州)已经采取了多种措施。例如,在2012年,下萨克森州推出了针对大型企业税务审计情况下的合作方法。
加拿大	2010年,制定了合作遵从办法,探索大型企业遵从问题。
丹麦	2008年开始试点,2012年建立正式的合作遵从模型。
爱尔兰	2005年通过了与内部和外部不同利益相关者约定的官方合作遵从模型。
西班牙	自2009年建立官方合作遵从模型"优秀税务行为规范",其创造性地建立了"大公司论坛"。
瑞典	建立了官方的合作遵从模型。2008年开始的"对话"项目,参与该项目的公司可以在特定税务问题的关系反馈填写之前就得到答案。该项目正式运行于2012年,第一批邀请了15家公司参与试点。

续表

国家	合作遵从模型
意大利	无官方合作遵从模型。2009年，意大利税务局成立了大企业税收管理部门。引入"风险管理控制"方法，保证了所有税收调查聚焦于高风险纳税人，尽量避免打扰无风险纳税人，促进了均衡合作关系的建立。
荷兰	2005年建立合作遵从模型——平行监管模型，之后整合成为税收遵从风险管理战略。
挪威	2011年8月起开始税收合作遵从试点项目，包括了6组来自不同行业领域的公司。服务于大规模纳税人的办公室，针对大部分大公司设立了客户关系经理岗位。其工作主要基于对话访谈。
葡萄牙	无官方合作遵从模型。2012年初设立了一个大企业部门，目标是增进与大型纳税人的关系。
新加坡	2008年建立"增强与纳税人关系项目"的官方合作遵从模型，与顶级大型企业建立合作关系。
日本	2010年建立超大企业税收合作遵从模型。
南非	自2004年开始，建立官方合作遵从协议"纳税人契约策略"。该策略包括了"在会议室中征税"项目，在协议中引入银行，与税务机关共同完成风险评级，并且向南非国税局提供对于合规以及经济指标影响的理解。

3.1.4 平衡治理理论

平衡治理是西方公共管理学中的重要理念，指通过公共政策的制定和实施来协调各种社会利益关系和利益纠纷，充分发挥公共政策的平衡功能。现代税收管理的基本理念是把纳税人遵从行为作为税务机关自身利益所在，把实现纳税人遵从作为税务机关的工作目标。税务机关的执法目的是实现税法遵从，纳税人开展税务风险控制的目的也是实现税法遵从，两者的目标是对称的、统一的，税务机关的管理工作要在两者之间实现平衡，即实现"纳税服务＋税收执法＝税法遵从"的平衡治理。

2002年，荷兰根据平衡治理理论引入了"横向平行监控"的理念，即税企双方享有平等的地位和权利义务，其核心是税企双方相互信任、理解和透明。"横向平行监控"的一项重要内容就是签订税收遵从协议。2005年起，荷兰税务与海关管理局在全国范围推出了遵从协议项目，最初与20家特大型企业签订，目前已有81家企业与税务机关签订了税收遵从协议。

2006年，英国基于平衡治理理论启动"高风险合作项目"。该项目旨在通过对特定纳税人开展风险评估来建立合作信任关系,主要包括三个战略目标:一是提高税法遵从意愿,促进纳税人依法申报;二是提高纳税人对税务部门的开放程度,进一步了解纳税人交易情况及对税收的影响;三是提高税收征管能力,应收尽收,必要时通过法律、诉讼途径来确保税款入库。

澳大利亚成立的大企业及国际税务局的工作重点就是对大企业进行风险评估和分析,风险评估分析的范围非常广,可以涵盖整个行业,也可具体到某项具体的交易活动。开展风险管理可以充分了解大企业纳税人,对管理对象存在的风险做出准确的判断,促进税务部门管理效率的提升,同时有效的税收风险评估可以提高大企业的税收遵从度。

3.1.5 纳税服务理论

大企业纳税服务理论,是指在有限的税收管理和纳税服务资源约束条件下,以新公共管理、客户关系理论为基础,将管理和服务对象作为客户看待,与大企业建立客户服务型关系,根据其个性需求,建立一般性服务与特殊性服务有机结合的纳税服务体系,创新纳税服务方法,为大企业提供个性化、专业化、信息化、集约化的纳税服务。

纳税服务理论认为:大企业发展的集约化特性要求税收管理从无差别管理向专业化管理转变,大企业的税收贡献效应,要求税务机关从一般性服务向客户化服务转变。大企业经营运作的特殊性,要求税收管理从普通业务管理向复杂业务转变。IMF 在 2002 年就指出,各国设立专门的大企业管理机构的理由中,重要一项就是向纳税人提供更高水平的服务。

英国在大企业税收管理局中专门设立了预先管理处,具体负责与管理的大企业签订旨在早发现、早解决问题的预先协议,比如企业重组产生的税收事项和涉及税种较多的重要投资活动等。从税务征管的成效来看,纳税服务的提升都能带来税收征管的效率提高,并在一定程度上提高了企业的纳税遵从度。

3.1.6 新公共管理理论

新公共管理理论是西方国家在 20 世纪 70 年代提出的一种新的政府行政管

理模式，以现代经济学位理论基础，主张政府的公共部门从企业管理经营的成功案例上吸取经验和方法，来提高公共服务绩效。这一理论目前已被很多国家引入税收管理和服务。

新公共管理的产生使政府可以像企业一样，以顾客为导向，把政府管理转为政府服务，把公民当成顾客，施行"顾客至上"的经营理念。该理论主张在政府管理中采纳企业化的管理方法来提高管理效率，引入竞争机制，优化服务，以市场、顾客为导向改善行政绩效。在新公共管理理论中有一个基本原则：政府要将服务对象当作客户，一切工作须遵循客户至上的理念。目前，各国税务部门在这场新公共管理运动中纷纷引入客户理念，与大企业建立客户服务型关系，强调在税收执法中为纳税人提供针对性、个性化、高质量的服务。同时，新公共管理理论更加注重政府提供公共服务的效率，管理的结果、激励和绩效评估等，并强调政府管理方法的企业化，消除行政服务供给的垄断性。

新公共管理理论对完善大企业税收管理和服务具有一定的借鉴意义。目前，很多国家都在这一理论的指导下，推动税收服务从被动服务向主动服务转变，并注重服务大企业的及时性和主动性，注重不断完善大企业服务体系，提高税收的征管效率和质量。

3.1.7 冰山理论

冰山理论最早是心理学大师弗洛伊德于1895年在《歇斯底里研究》一书中提到的。他认为，有意识的人格只是冰山的一角，表面的只是次要的，而绝大部分的心理人格都是冰山以下的部分，在水下看不见的，恰是这看不见的部分决定着人类的行为，这部分才是最重要的。

美国著名心理学家萨提亚阐释的冰山理论则被组织行为学、管理学广泛运用。她认为，水平线上露在水面的，是人的行为，比如纳税不遵从，这都是看得见的行为。决定这些行为的，则是更大一部分恰如冰山一样藏在更深层次的内在世界，不为人所见。

后来，冰山理论被引入大企业税收管理。一般认为，在大企业管理中，做好内控测试，恰如发现企业风险的冰山一角，目的是通过问题的引导来发现企业潜在的"水面下"的巨大风险，并在此过程中，不断地提高企业自身内在的纳税遵从度，让企业不光在"水面"上有纳税遵从的行为，同时也能从内心认可，进而影响企业未来的重要战略规划中都能有纳税遵从的意识，避免税务风险的产生。

3.2 国外经典理论的中国化路径

3.2.1 风险管理理论在我国的应用

1. 风险管理理论在我国的实践

国家税务总局 2003 年在《2002—2006 年中国税收征收管理战略规划纲要》中明确指出，"引进风险意识可以使各级税务机关更加深刻地从战略管理的角度认识自身工作的本质及规律，防范征管风险的举措又可以使税收征管工作获得更多的主动性"。2009 年 2 月 6 日，国家税务总局下发了《2009 年全国税收工作要点》（国税发〔2009〕1 号），明确规定了年度全国税收工作要点，引入了"研究降低税收执法风险的具体措施"和"探索建立大企业涉税内控测试和风险评价机制"这两项涉及风险管理的内容，这是风险管理理论首次正式进入我国税务系统。

2009 年，为了加强大企业税收管理及纳税服务工作，指导大企业开展税务风险管理，防范税务违法行为，依法履行纳税义务，国家税务总局颁布了《大企业税务风险管理指引（试行）》，旨在引导大企业合理控制税务风险，避免因没有遵循税法而可能遭受的法律制裁、财务损失和声誉损害。

2010 年，为提高定点联系企业的税收管理工作质量和效率，遵循税务风险管理的理念和方法，国家税务总局下发了《国家税务总局关于定点联系企业税务风险管理信息系统有关问题的通知》（国税函〔2010〕513 号），要求各地正确使用该信息系统对定点联系企业开展税务风险管理工作。

随着经济全球化和我国社会主义市场经济的发展，我国纳税人数量不断增多，企业的组织形式和经营方式呈现多样化，企业集团大量增加，经济主体跨国家、跨地区、跨行业相互渗透，企业核算的电子化、团队化、专业化水平不断提高，税源管理的复杂性、艰巨性、风险性不断加大，征纳双方信息不对称等矛盾日益突出，传统的由税收管理员属地管户、粗放的税源管理方式已难以适应新形势的要求，必须更新理念，探索税源专业化管理，提高征管质量和效率。在这样的背景下，2010年，国家税务总局下发了《关于开展税源专业化管理试点工作的指导意见》（国税发〔2010〕101号），明确以加强税收风险管理为导向，以实施信息管税为依托，以实行分类分级管理为基础，以核查申报纳税真实性、合法性为重点，以规范税收征管程序和完善运行机制为保障，以建立和培养专业化人才队伍为支撑，积极探索税源专业化管理，优化服务，严格执法，不断提高税法遵从度和税收征收率。

2011年，为规范大企业税收服务和管理工作，国家税务总局印发了《大企业税收服务与管理规程（试行）》，指出大企业税收服务和管理工作，应以纳税人的需求为导向，提供有针对性的纳税服务，以风险为导向，实施科学高效、统一规范的专业化管理，通过有效的遵从引导、遵从管控和遵从应对，防范和控制税务风险，提高税法遵从度，降低税收遵从成本。

2014年，为切实加强总局定点联系企业税收风险管理工作，规范行业税收风险管理，国家税务总局办公厅下发了《关于强化部分总局定点联系企业共性税收风险问题整改工作的通知》（税总办函〔2014〕652号），指导部分集团企业对照整改。

同年，为进一步加强和规范税收风险管理工作，国家税务总局下发了《关于加强税收风险管理工作的意见》（税总发〔2014〕105号），明确指出：税收风险管理是加强大企业税收管理的有效方法和手段，在大企业税收管理过程中，要运用税收风险管理的理念和方法，提升大企业复杂涉税事项的管理层级，发挥各级税务机关的系统优势，实现大企业由基层的分散管理转变为跨层级的统筹管理，促进税收征管整体资源的优化配置。

2016年，为了贯彻落实《深化国税、地税征管体制改革方案》，更有效地发挥风险管理在税收征管中的导向作用，推动转变征管方式，促进纳税遵从，增强各级税务机关堵漏增收的主观能动性，国家税务总局下发了《关于进一步加强税收风险管理工作的通知》（税总发〔2016〕54号），进一步明确：（1）国家税务总局组织开展区域性、行业性以及特定类型纳税人或者特定事项的税收风险分析工作（如千户集团税收风险分析）。（2）大企业税收管理部门在总局风险办的统一领导下，牵头负责全国千户集团税收风险分析专题办公室，负责千户集团税收风险的分析识别工作。分析结果报总局风险办统一推送各地。省税务局风险办统筹再分析后，明确相关税务机关及应对主体，组织实施风险应对。省税务局风险办将应对结果反馈给总局风险办，同时报送全国千户集团税收风险分析专题办公室。大企业税收管理部门可对相应情况进行跟踪、指导、评价、考核，并总结经验，完善工作机制。（3）改革大企业税收风险管理方式，实施两级风险分析及差别化应对。贯彻落实《深化大企业税收服务与管理改革实施方案》，提升大企业税收复杂事项风险管理层级，实施国家税务总局和省税务机关两级统筹分析，组织分类分级差别化应对，实现风险防控"精确制导"。国家税务总局组建千户集团税收风险分析专业团队，联合省税务机关大企业税收管理部门，跨区域统筹开展千户集团税收风险分析工作。总局风险办扎口统一推送千户集团税收风险应对任务。省税务局风险办按照风险等级将应对任务推送给相应税务机关，并确定风险应对主体，实施差别化风险应对。省税务机关参照国家税务总局对千户集团的风险分析方法，统筹开展本省大企业的税收风险分析工作。（4）各级税务机关要围绕千户集团和大企业、高收入自然人、征管主观努力程度等重点风险管理工作，精准发力，有效配置征管资源，合理上收分析应对层级，并与税收征管规范推行等工作紧密结合，确保税收风险管理工作落到实处。

2. 风险管理理论对我国的启示

税收风险管理的核心在于以有限的资源最大限度地降低税收风险。OECD国家对风险管理理论的实践，值得我国学习和借鉴。

一是着眼于涉税信息大集中，把税收风险管理作为一个整体框架。OECD国家都遵循了风险管理的基本框架，该框架自下而上层层递进。其中，准确、充分、及时的涉税信息是税务风险管理的基础。

因此，我国的税务风险管理应着眼于整体框架的引入与完善，加强以下两方面的工作：一方面是实现涉税信息的大集中。在信息不充分基础上开展的各种纳税评估、风险排序甚至纳税人分类都有可能出现偏差。另一方面是高风险来源的判断。高风险既可能来自主观故意，也可能来自客观限制，如税法理解的偏差等。准确的分析与判断风险来源点是进一步实施风险管理的基础。

二是着眼于提高纳税遵从度，把有限的征管资源配置于高风险的领域。税收征管资源相对于日益复杂的涉税经济活动而言总是有限的，因而税收风险管理的根本在于提高纳税人的自觉纳税意识，这既需要正面的引导——纳税服务，也需要负面的惩罚——税收稽查。两者的不同在于：纳税服务是事前的，并且税收管理的成本随时间呈边际递减；税收稽查是事后的，有时容易产生负面激励效应。最近的理论与实证研究均表明，税收惩罚措施与纳税遵从之间不存在必然的正相关关系。因此，税收风险管理的关键环节应尽量前置，立足于为纳税人提供便利、及时的纳税服务，开展有针对性的、形式多样的税法宣传活动。

三是着眼于实施专业化管理，依据不同类型对纳税人进行科学分类。OECD国家一般根据纳税人的不同类型，如非营利组织、中小企业和大型企业等，在税务管理部门内部分别设置专门的机构，实施专业化管理。由于纳税人各具不同的组织特性和行为特征，税务机关需要有专门机构开展研究工作，实施有针对性的管理与服务。

四是着眼于强化专家式指导，对重点行业设立专门管理机构。由于大企业纳税人经营活动多样、组织形态复杂，经常是跨地区甚至跨国经营，税额又占很大的比重，OECD国家一般针对重点行业纳税人在税务机关内部设置专门管理机构、配备专门人才，并且聘请税务机关之外的熟悉对应行业的专家，成立重点行业专家小组，对相关涉税风险的识别、分析以及相关管理工作提出专业化指导意见。

五是着眼于多层次预防风险，加强涉税风险甄别和分类处置机制建设。OECD国家甄别不同涉税环节的风险，对税务登记行为性风险、纳税申报表填报行为性风险、纳税申报真实性风险和税款缴纳及时性风险分别做出专门化处理，主动采取预防措施，通过优化纳税服务来消除非主观故意的税收风险，通过实行纳税人可感知的风险遏制措施减少主观故意的税收风险发生的可能。美国、英国等发达国家还专门开展税收流失估算，通过选取样本、开展审计和获取有代表性的数据，科学地把握税收流失分布格局，了解不同的税收流失风险成因，建立税收风险特征库，用以指导风险处理措施的选择，包括风险转移、风险减轻和风险覆盖等。

3. 完善我国大企业税收风险管理的对策

（1）开展顶层设计，稳妥做好税收风险管理实施工作。

①明确税收风险管理的理想优化与现实选择。科学审慎地对待和开展税收

风险管理的探索与实践工作，合理设定税收风险管理的远景目标和近期工作任务，积极稳妥地实施税收风险管理，逐步提升税收征管质效。

②明确各层级的职责分工。建议国家税务总局尽早出台涉及税收风险管理工作的指导性意见，统筹规划税收风险管理试点推进工作，明确总局、各省市局、基层分局税收风险管理工作的职责，确保试点工作的扎实有效开展。

③科学论证试点工作效果。既然是试点，就会有成功或者失败，不可能都是经验，这就需要对各地的试点工作进行科学论证。一方面要用足够长的时间来检验；另一方面，要组成专家组，对每一种操作模式都进行实地考察，对职责分工、流程设计、与现实环境的融合性等方面反复论证推敲，尤其是要对税收风险管理与现有的税收征管方法模式的效果差异进行充分论证，以尽量减少改革自身所带来的风险成本。

(2) 完善法律法规，营造良好的法治环境。

①明确界定征纳双方的法律责任。一是要在法律上明确界定征纳双方的法律责任，合理分配双方在税收征管互动中的证据责任，简化税务机关调查、核实、审批程序，减轻纳税人法外涉税信息报送负担；二是要强化税务机关证据获取能力，进一步细化纳税人在资料真实性、法定资料保存、依法配合税务机关执法中的法定义务，以及违反法定程序时面临的法律后果；三是要赋予税务机关有条件的税收负担推定权和核定权，以解决在特殊状况下税收负担难以核实的问题。

②提升税务机关获取信息的能力。提高税务人员对信息搜集工作重要性的认识，根据法律、法规规定获取证据，确保在取证过程中不违法。加强税务取证等专业知识培训，使一线税务人员掌握获取证据的多种技能、方法，提高取证水平，使他们具备丰富的财会知识、法律知识，掌握税收法律法规的相关规定，加强计算机应用技能培训，培养具备计算机专业知识的队伍，增强取证的敏锐度，不断交流总结取证经验，全面提高税收执法人员的综合素质。推行取证手段和证据材料的多样化，依据《中华人民共和国税收征收管理法》(以下简称《税收征收管理法》)，除现有取证手段外，选用录音、录像、照相和复制等高科技手段。

③强化第三方提供涉税信息的法律责任。目前，《税收征收管理法》规定，各级政府和有关部门应当如实向税务机关提供有关涉税信息，要求建立健全税

务机关与政府其他管理机关的信息共享制度，但不够具体。要进一步强化立法，将具体做法以法律法规的形式明确下来，为税务机关获取第三方涉税信息提供可靠的法律保障。

（3）搭建防控平台，建立健全风险预警评价系统。

①建立全国统一的大企业税收征管风险管理预警系统。要对税收风险进行因素分析，系统地梳理税收的风险要素、风险环节、风险行业、风险区域、风险时期和风险来源，找准风险控制点，就必须建立预警机制和预警指标体系，提高风险评估和认定的准确性，以使税源管理部门和人员对税收风险实施有效控制，卓有成效地开展纳税评估工作，提高税收风险预警与控制能力。

②建立全国统一的大企业税收征管风险管理评价系统。在专业化管理模式下，大企业的风险管理不再是税源管理部门的单打独斗，需要多个部门的共同参与、互动衔接。税源管理部门之外的其他部门，也是专业化管理的重要组成部分。风险特征库的完善及其指标的有效性是风险管理绩效评估的重点，直接决定风险管理的整体质量。

③搭建统一的大企业税收征管风险管理防控平台。搭建风险管理防控平台，落实税收执法责任制，制定税收风险防控实施方案，明确各岗位、环节、部门、层级的风险管理职能职责，建立健全大企业税收风险防控体系。

3.2.2 分类管理理论在我国的应用

1. 分类管理理论在我国的实践

2006年5月8日，全国首次强化税源专业化管理工作会议在北京召开，时任国家税务总局局长谢旭人在会议上提出：税源管理是税收征管的基础和核心，是反映税收管理水平的重要方面。税务系统要按照科学发展观的要求，大力实施科学化、精细化管理。多管齐下，把税源管理抓紧、抓实、抓好。

2008年，全国税务系统企业所得税与反避税工作会议提出了全面推行企业所得税科学化、精细化、专业化管理，切实提升企业所得税管理和反避税水平。

2008年7月，国家税务总局大企业税收管理司正式成立，确定45户定点联系企业为其重点服务管理对象。大企业税收管理司的成立，是我国践行分类管理理论，顺应时代潮流的产物，标志着我国以分类管理为内容的新的征管模式的正式推行。

2011年，为进一步深入推进大企业税收专业化管理工作，探索符合我国实际的大企业税收专业管理模式，国家税务总局下发了《关于大企业税收专业化管理试点工作的意见》（国税发〔2011〕105号），决定按照税源专业化管理试点工作的总体要求，在全国18个单位进行试点。

2015年，在《深化国税、地税征管体制改革方案》中提出了对纳税人实施分类分级管理的要求。为贯彻落实《深化国税、地税征管体制改革方案》，对纳税人实施分类分级管理，提升大企业税收管理层级，抓住全国千户集团这个"关键少数"，推动大企业税收服务深度融合、执法适度整合、信息高度聚合，着力解决当前大企业税收管理中信息不对称、能力不对等、服务不到位、管理不适应等问题，提升大企业税收服务与管理质效，为我国大企业持续健康发展提供良好的税收环境，国家税务总局下发了《深化大企业税收服务与管理改革实施方案》（税总发〔2015〕157号），并选择在辽宁、上海、江苏、河南、重庆开展综合试点，在广东、深圳、四川、陕西开展专项试点，运行分类分级管理机制，提升大企业个性化纳税服务和税收风险管理等复杂涉税事项的管理层级，推进大企业税收服务与管理改革。

2016年，国家税务总局出台了《纳税人分级分类管理办法》（税总发〔2016〕99号文件发布），将企业纳税人按规模分为大企业、重点税源企业和一般税源企业。其中：大企业专指税务总局确定并牵头管理的、资产或纳税规模达到一定标准的企业集团；该办法明确：大企业税收管理部门的职责是，主要负责对大企业或本级重点税源企业的个性化服务、数据采集、风险分析识别、风险应对过程监控、效果评价和风险分析工作设计维护等事项。

2. 分类管理理论对我国的启示

一是科学界定大企业的分类标准。对纳入全国千户集团管理的大企业制定通用和特殊标准，便于统一的分类管理。鉴于中国地区经济发展的不平衡，对省一级大企业指定通用的地方标准，中央对地方标准提出指导意见。

二是制定具有行业特色的大企业管理办法。引进国外行业分析、风险分析办法，分行业分类别制定大企业风险应对办法。

三是深度融合国际税收管理。将国际税收与大企业的行业风险管理深度融合，紧盯集团企业转让定价风险。

四是培养专业化的人才队伍。打造行业分析、经济分析、计算机审计和国际税收管理方面的专家。

3.2.3 合作遵从理论在我国的应用

1. 合作遵从理论在我国的实践

2009年，国家税务总局下发了《大企业税务风险管理指引（试行）》，旨在引导大企业在整体管理控制体系内制定税务风险应对策略，建立有效的内部控制机制，合理设计税务管理的流程及控制方法，全面控制税务风险，帮助大企业提高税法遵从度。

2011年，国家税务总局下发了《大企业税收服务和管理规程（试行）》的通知（国税发〔2011〕71号），要求税务机关按照统一规范内容对企业纳税遵从情况进行评价，形成遵从报告。遵从报告包括企业税务遵从责任报告和税务机关服务和管理总结以及对企业遵从评价报告，原则上按年度开展。也可针对专门事项，进行专项税收遵从评价。

2. 合作遵从理论对我国的启示

一是提供丰富的个性化纳税服务产品，提升专业化的税收管理能力，引导大企业提高自身依法处理涉税事务的能力，提高税法遵从度。

二是加强对企业的遵从管控。从税源监控到风险识别、评估和应对各个环节，分析可能发生的风险产生的原因、条件及后果和影响，并进行风险等级排序，形成风险评估报告，提醒企业和主管税务机关防控可能发生的税务风险。

三是实施差异化的风险应对策略，对大企业按风险高低排序，采取不同的应对手段，鼓励企业提高自我遵从度。

3.3 中国特色大企业税收管理理论体系的构建

3.3.1 大数据管理理论[1]

《中国税务》杂志社总编辑刘磊[2]等提出，应用大数据管理理论加强大企业税收服务与管理。他们提出：越来越多的企业特别是大企业设置复杂的股权结构，实行集团化运作，其跨区域经营、总部决策、集中核算的特点与现行税收征管属地管理体制下的分散管理以及由基层税务机关处理各种涉税事项之间的矛盾日益尖锐。税务机关与企业之间信息严重不对称，形成企业总部主管税务机关与分支机构主管税务机关之间"管得着的看不见、看得见的管不着"的现象，导致对大企业的税收管理乏力甚至无法实施有效监管。大企业往往利用现行税收征管模式下征管信息和征管资源碎片化的弱点进行避税筹划。

刘磊等认为，大数据不仅是一种海量的数据状态、一系列先进的信息技术，更是一套科学认识世界、改造世界的观念与方法。税务部门作为重要的政府部门，把大数据思维和技术运用到税收管理与决策中，为纳税人提供更加智能、高效率的管理和更加精准、个性化的服务，是推进国家治理体系和治理能力现代化的题中应有之义。面对海量的涉税数据、瞬息万变的信息技术，只有树立大数据思维才能跟上时代步伐、应对现实挑战。

刘磊等认为，大数据时代的思维转变至少包括以下三点：要全体不要抽样，要效率不要绝对精确，要相关不要因果。在大数据时代，面对纷繁复杂的信息、纷至沓来的挑战，人们常常没有时间也难有精力去寻根究底、追问真相。全面占有数据、快速分析数据、最优化解决方案，恐怕是大数据时代迅速接近事实真相、快速应对各种挑战的唯一选择。要用大数据技术改进税务机关税收管理的方式手段。建议大企业税收管理部门将税务审计定位为大企业税收风险管理的核心环节和主要手段。

---

[1] 刘磊，钟山. 试析大数据时代的税收管理[J]. 税务研究，2015 (1).
[2] 刘磊曾任国家税务总局大企业税收管理司司长。

3.3.2 牧羊理论[1]

吉林财经大学中国大企业研究所所长王向东等提出：大企业管理应创建以引导系统和矫正系统为核心的牧羊理论体系，加强大企业税源管理与监控。

该理论核心思想源于羊群管理，即牧羊人在管理羊群时通常会借助两个力量来协助：一是领头羊，二是牧羊犬。领头羊有很高的威望，羊群愿意跟它走。有时去陌生的草场，牧羊人也会走在羊群的前面带路。牧羊犬通常跟在羊群左右，及时把那些跑偏的羊只追回来。领头羊及牧羊人的带领，形成引导系统；牧羊犬则形成矫正系统。两大系统保证了羊群按照牧羊人的意愿行走于营地与牧场之间。

在处理国家、大企业及纳税人的税收关系时，国家被看作牧羊人，纳税人是羊群，大企业是羊群的"领导者"，其规模和素质决定了是当之无愧的领头羊，稽查局则发挥着牧羊犬的作用。依据牧羊理论，大企业管理要着力构建税收引导系统和税收矫正系统。前者包括"模范纳税大企业养成体系""大企业先行试验示范体系""大企业内控体系"等；后者由"大企业纳税遵从评价展示体系""大企业分级预警体系"等构成。

3.3.3 企业税务风险理论[2]

西南财经大学财政税务学院教授、博士生导师刘蓉提出，根据企业管理实践的发展轨迹，企业税务风险理论研究正在兴起，应尝试为企业税务风险构建一套初步的理论模型。

企业税务风险理论认为，随着企业风险意识的加强和企业战略重点的调整，仅仅依靠传统的外部税务机关对征税风险的划分和监控以及企业内部财务部门基于外部监管体系下对纳税风险的被动的防范是不够的。将企业税务风险管理纳入企业整体风险管理范畴，从企业公司治理结构及内控制度完善的高度，建立有效的企业税务风险评估与控制体系，有利于提升企业诚信形象与价值，促

---

[1] 王向东等. 大企业税源监控体系构建的国际借鉴研究 [D]. 2015 中国国际税收研究会课题.
[2] 刘蓉. 企业税务风险及其管理理论的研究兴起与理论框架构建 [J]. 光华财税年刊，2012—2013.

进企业与国家、企业各利益相关主体的和谐发展。

企业税务风险管理理论以战略目标、经营目标、报告目标和合规目标四个目标为核心,要求从企业目标的战略性角度进行风险管理,高屋建瓴地发挥风险控制作用进行管理。它要求公司董事会、管理层及各个层级的员工都必须理解贯彻税务风险管理的目标,各部门间应合理划分职责和权限。基于成本收益原则,采用统一的风险识别评估模式,找出最重要的风险,将资源放在对其的管理和控制上。同时,完善信息支持系统,加强交流与监督,确保实现上述目标。

3.3.4 客户关系理论[1]

江苏省国家税务局副局长姜跃生提出：优化服务是大企业税收管理的基本方法和本质特征之一；对大企业的纳税服务是整个纳税服务的重点,也是纳税服务业务创新的难点；大企业的纳税服务则需要新的理论、新的手段、新的产品。从我国近期大企业纳税服务创新的情况看,应研究税企间客户关系的构建,分析客户关系理论和技术并在税收实践中加以运用；从政策的确定性入手优化政策咨询服务,借鉴国外的预先裁定做法,制定大企业政策咨询的统一格式,从每一层级定点联系户做起,建立绿色通道,定期研究后给予口头或书面答复；应前移管理环节,开发一系列着眼于企业风险超前预防、及时发现、实时解决、税企共赢的操作方案；要结合税收管理员制度改革,在大企业税收管理部门内设立"客户协调员",使大企业与税务机关的联系由"一对多"变为"点对点"。客户协调员不仅为大企业提供全程服务,协调大企业与税务机关内部各个部门的关系,而且负责对大企业动态情况的掌握、年度风险的评估及牵头或参评估审计,实现对大企业各项税收管理活动的全方位和全程参与。

---

[1] 姜跃生. 当前大企业税收管理亟待研究和解决的几个问题 [J]. 涉外税务,2010 (3).

TAX OF LARGE BUSINESS
TEN YEARS OF RESEARCH ON
Basic Challenging Problems

第4章 机构设置

4.1 国外大企业税收管理机构设置

国际上比较成熟的大企业税收管理机构创建于 20 世纪 90 年代。自 1994 年澳大利亚率先建立大企业与国际税收管理局开始,美国、英国、荷兰等 OECD 成员国先后建立了大企业税收专业管理机构。在 OECD 的倡导下,一些发展中国家也建立了大企业税收专业管理机构。[1]经过 20 多年的探索,设立专业化管理部门对大企业实施税收管理的方式已为世界多数国家税务局所采纳,按照纳税人类型重构税务局内部组织架构是一些发达国家大企业税收管理体制的主要特征。

根据 OECD 在 2013 年 5 月发布的资料,OECD 共对 52 个国家税务局进行了调查,34 个 OECD 成员国中有 29 个国家组建了专门的大企业税收管理部门,18 个具有代表性的非 OECD 成员国(地区)中也有 15 个成立了大企业税收管理部门,约有 85% 的国家已建立专门机构负责管理按照一定标准确定的大企业纳税人(详见表 4-1)。据不完全统计,世界上已有 70 多个国家成立了大企业税收管理部门。在组织模式上,多数国家突出行业管理优势,强调对大企业纳税服务和税法遵从实施归口管理。

表 4-1　部分国家税务机关内部组织安排统计表

国家	高净值资产个人部门	大企业税收管理部门	专门处理中心	欠税征收职能	骗税处理职能
OECD 成员国					
澳大利亚	√	√	√	√	√
奥地利	×	√	×	√	√
比利时	×	√	√	√	√
加拿大	×	√	√	√	√
智利	×	√	√	√	√
捷克共和国	×	√	√	√	√
丹麦	×	√	√	√	√
爱沙尼亚	×	×	√	√	√
芬兰	×	√	√	√	√

---

[1] 深圳市国税局课题组. OECD 成员国大企业税收征管经验及其借鉴[J]. 涉外税务,2010(9).

续表

国家	高净值资产个人部门	大企业税收管理部门	专门处理中心	欠税征收职能	骗税处理职能
法国	√	√	√	√	√
德国	√	√	√	√	√
希腊	×	√	√	√	√
匈牙利	×	√	√	√	√
冰岛	×	×	×	×	√
爱尔兰	√	√	√	√	√
以色列	×	√	√	√	√
意大利	×	√	√	×	√
日本	√	√	√	√	√
韩国	×	×	×	×	×
卢森堡	×	×	√	√	√
墨西哥	×	√	√	√	√
荷兰	×	√	√	√	√
新西兰	√	√	√	√	√
挪威	×	√	√	√	√
波兰	×	√	√	√	√
葡萄牙	×	√	√	√	√
斯洛伐克共和国	√	√	×	√	√
斯洛文尼亚	×	√	√	√	√
西班牙	√	√	√	√	√
瑞典	×	√	×	×	×
瑞士	×	×	√	×	√
土耳其	×	√	√	×	√
英国	√	√	√	√	√
美国	√	√	√	√	√

非 OECD 成员

国家（地区）	高净资产个人部门	大企业税收管理部门	专门处理中心	欠税征收职能	骗税处理职能
阿根廷	√	√	√	√	√
巴西	√	√	×	√	√
保加利亚	×	√	×	√	√
中国内地	√	√	√	√	√
哥伦比亚	×	√	√	√	×

续表

国家（地区）	高净资产个人部门	大企业税收管理部门	专门处理中心	欠税征收职能	骗税处理职能
塞浦路斯	×	×	√	√	√
中国香港	×	×	√	√	√
印度	×	√	√	√	√
印度尼西亚	√	√	√	√	√
拉脱维亚	×	√	√	×	√
立陶宛	×	√	√	√	×
马来西亚	√	√	√	√	√
马耳他	×	×	√	√	√
罗马尼亚	√	√	√	√	√
俄罗斯	×	√	√	√	×
沙特阿拉伯	×	√	×	√	√
新加坡	×	√	√	√	√
南非	√	√	√	√	√

4.1.1 组织结构

国外大企业税收管理机构往往根据经济区域、税源集中程度、大企业的分布情况以及税收情报的可获得程度等因素，设置区域性税务机关及其派出机构以及若干税收征收服务中心。各国在大企业税收管理模式的选择上各有不同，从已经设置大企业税收管理机构的国家和地区看，其模式一般分为三种类型[1]：

第一种，设置单一的大企业管理局，针对全国所有的大企业进行税收管理，即只设一个中央机构，负责全国范围内所有大企业税收的集中管理。这种模式往往被国土面积较小或者大企业数量不多的国家所采用，主要是一些发展中国家，如泰国、菲律宾等。

第二种，设置单一的大企业管理局，同时在不同地区设置分支机构，即在总部设立中央机构，实行统一管理，另在不同地域或行业设立分支机构。这种

---

[1] 吴国平. 大企业税收管理的国际实践及启示 [J]. 税务研究, 2010 (2).

模式多被发达国家和国土面积较大的发展中国家所采用，如美国、英国等。比如美国国内税务局（IRS）遵循以纳税人为导向的理念，在1998年对局内部门实施了重组与改革，原来按地域设置的4个大区局和33个地区局，按照纳税人的类别被重新设置为4个管理局，即薪金与投资所得管理局，小型和自雇企业管理局，大中型企业管理局，免税组织和政府机构管理局。其中，大中型企业管理局是一个带有分支机构的中央机构型管理局，下设9个处和5个派出分局，是一个功能全面、高度集中化的大企业税收管理机构[1]，2010年将三个管理局的国际税收业务归口到大中型企业管理局，更名为大企业和国际税收管理局（LM&I），但形式没有太大变化。南非国税局在2004年建立了大企业税收管理机构（Large Business Centre，简称LBC），在2015年进行了职能调整，增加或细分了相关职能，除总部外，设置了第一分局、第二分局、第三分局、高净值个人部门和三个区域税收管理机构。

第三种，在全国设置多个相互独立的大企业管理局，即在不同地域分别设立机构，各机构相对独立，如荷兰。1990年，荷兰税务局依据纳税人的类型对税收管理机构进行了改革，成立了大企业管理局，下设11个相互独立的大企业税收管理分局。荷兰的大企业管理局设立了一个总部机构，但不直接处理具体业务，只监管全国范围内11个分局的业务工作。[2]

4.1.2　职能定位

各国税务局根据本国大企业的分布和征管格局，确定适应其税收管理需要的机构及其职能。从大企业税收管理机构的职能定位来看，有以下三种形式：

1. 全职能型管理机构

很多国家采取全职能模式，赋予大企业税收管理机构全部的征管职能，专门负责对大企业从日常管理到税收遵从的全过程管理，将大企业纳税咨询和辅导、纳税申报和税款征收、税务审计和强制执行等所有纳税服务和执法功能集中在一起，在首都或重要城市设立隶属于联邦税务局的区域大企业税收管理机

---

[1][2]　杨华，王冬明，董宏. 大企业税收管理经验借鉴：以英国、美国、荷兰为例 [J]. 涉外税务，2010 (12).

构,实行统一管理,按照区域与行业相结合的标准,在全国范围设立行业、区域中心和办事处由大企业税收管理机构统一管理。如美国大企业税收管理模式就属于全功能型的集中管理模式,它的管理体系功能非常全面且高度集中,大企业和国际税收管理局总部设在华盛顿,国内各区域设有分支机构,负责对所在区域的大型企业进行日常征收管理。大企业和国际税收管理局总部下设国际税收、信息中心、法律咨询等9个处和6个分局,其中分局是按照主要行业分别派驻于各行业在全国最具有代表性的地区。

2. 部分职能型管理机构

与全职能型机构相比,部分职能型机构不具有日常管理的职能,主要职能是税务审计、风险管理,不涉及政策制定或强制执行等事项。如澳大利亚联邦税务局(ATO)主要分为3个业务板块,分别是税法遵从、税法设计和法务,以及人事、系统管理和服务,负责大企业税收管理的上市公司和国际税收管理部门(PG&I)只是税法遵从板块下设司局之一。其管理模式是行业类型和特定业务类型的混合形式,管理的税种为公司税(企业所得税)和石油资源租赁税,主要业务包括咨询、裁定,风险审查、税务审计、国际利润转移调查、情报交换、预约定价安排、双边税收协定等。

3. 单一职能型管理机构,仅具有审计功能

如日本大企业税收管理机构只负责审计,不具有其他职能。

4.1.3 典型国家的机构设置

1. 美国大企业和国际税收管理局

1998年7月,美国国会通过了《1998年美国国内收入局重组与改革法案》。重组与改革后的IRS按照纳税人类别分设四个管理局:薪金与投资所得管理局、小型和自雇企业管理局、大中型企业管理局、免税组织和政府机构管理局。经过十多年的发展,2010年10月1日,在国际税收业务归口到大中型企业管理局后,更名为现在的大企业和国际税收管理局(LB&I)。详细组织架构见图4-1。

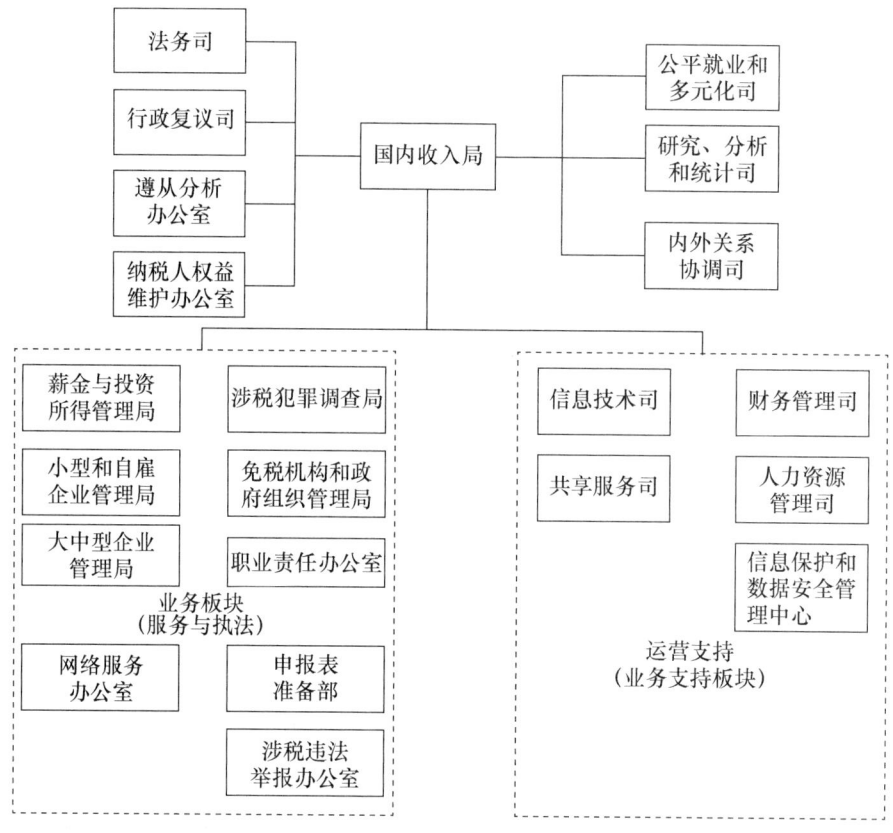

图 4-1 美国国内税务局组织架构

具体到大企业和国际税收管理局,其组织结构如图 4-2 所示。

大企业和国际税收管理局总部配有局长和副局长,领导整个大中型企业税收管理体系的基本职能运转,包括项目规划、财务管理、协调联络。下设大企业税收管理部门和国际税收部门两大业务板块(分别由一位副局长主管)。大企业税收管理部门设有相应处室:公平就业和多元化处,业务系统计划处,行政管理和财务处,计划、质量、分析和支持处,研究和工作量核定处,申报前和技术指导处 6 个处。美国采用"行业+地域"的管理模式,按行业进行服务与管理,并兼顾各个行业在地理上的分布设定行业分局的管理范围和业务边界。六个分局分别为:金融服务,零售、食物、医药和保健,自然资源和建筑,通讯、技术和媒体,重工业制造和交通运输等 5 个行业分局和一个专家支持分局(为各行业分局提供纳税服务与税收管理方面的技术支持)。如金融服务业大多集中在美国东部地区,金融服务业分局总部就设在曼哈顿,其管辖范围还包括哥伦比亚特区以及南卡罗来纳、北卡罗来纳、弗吉尼亚、马里兰、特拉华、康

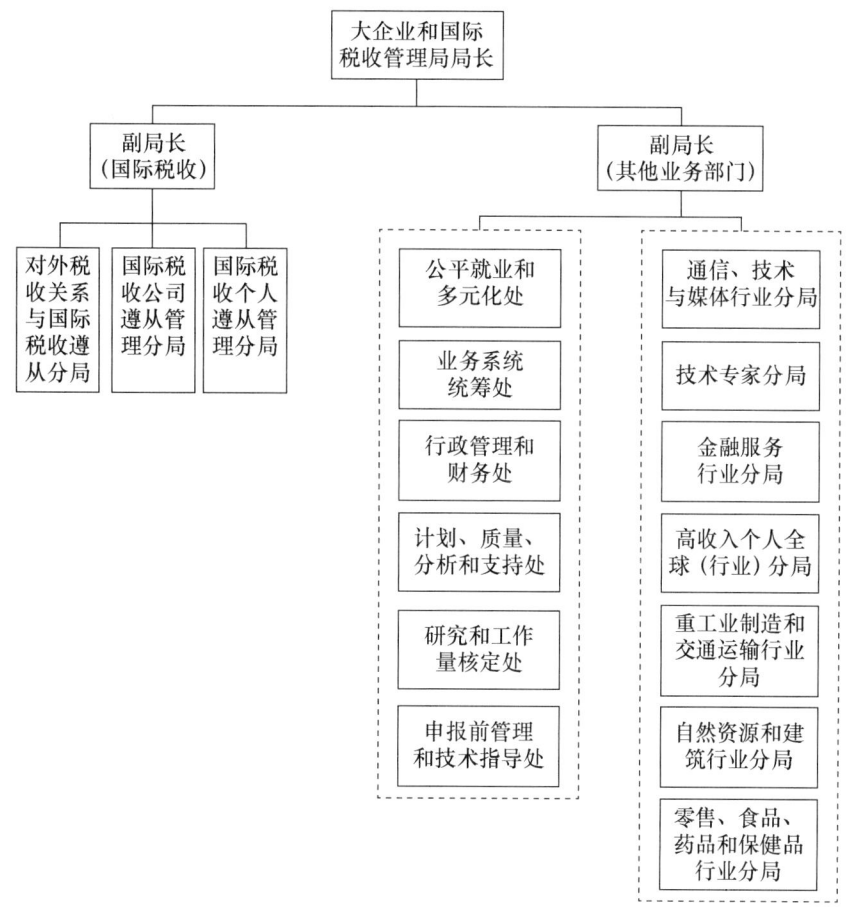

图 4-2　美国大企业和国际税收管理局组织结构图

涅狄格州。这样，各行业分局一方面按照行业管理规范和要求，在全国范围内实施行业管理，对辖区外本行业的工作提供业务指导和技术帮助；另一方面，全权负责辖区内6大行业的大企业纳税服务与税收管理工作。其中本行业之外的其他5个行业的工作按照相应的行业分局的要求来做。

各行业分局的主要职责是：对分配的案件进行深入的风险分析，认定新出现的风险事项，与相关利益方协调沟通，参与制订遵从战略和工作计划，执行遵从战略和工作计划、监督执行情况、评价执行结果。其中，计划、质量、分析和支持处的主要职责是：负责年度工作计划的制定工作，监督计划的实施情况。研究和工作量核定处的主要职责是：编制评分模型和发现风险事项的规则，管理工作量的完成，管理电子数据和系统。业务系统统筹处的主要职责是：负责技术设施的维护和改进。申报前管理和技术指导处的主要职责是：负责认定新出现的风险事项,协调解决和评估各种风险事项以及风险定级的工作,参与制定处理风险事项的策略,协助现场审计人员解决问题。[1]

2. 澳大利亚上市公司和国际业务部

澳大利亚联邦税务局(ATO)由税收遵从部门、纳税服务及法律执行管理部门、纳税人诉求及技术与运营部门等三大部门构成,每个部门由一名副局长负责管理。税收遵从管理部门下设大企业和国际税收管理部门(LB&I)。在2013年的改革中更名为上市公司和国际业务部(PG&I),负责澳大利亚上市公司和外国投资企业税收遵从服务和管理。上市公司和国际业务部的组织架构如图4-3所示。

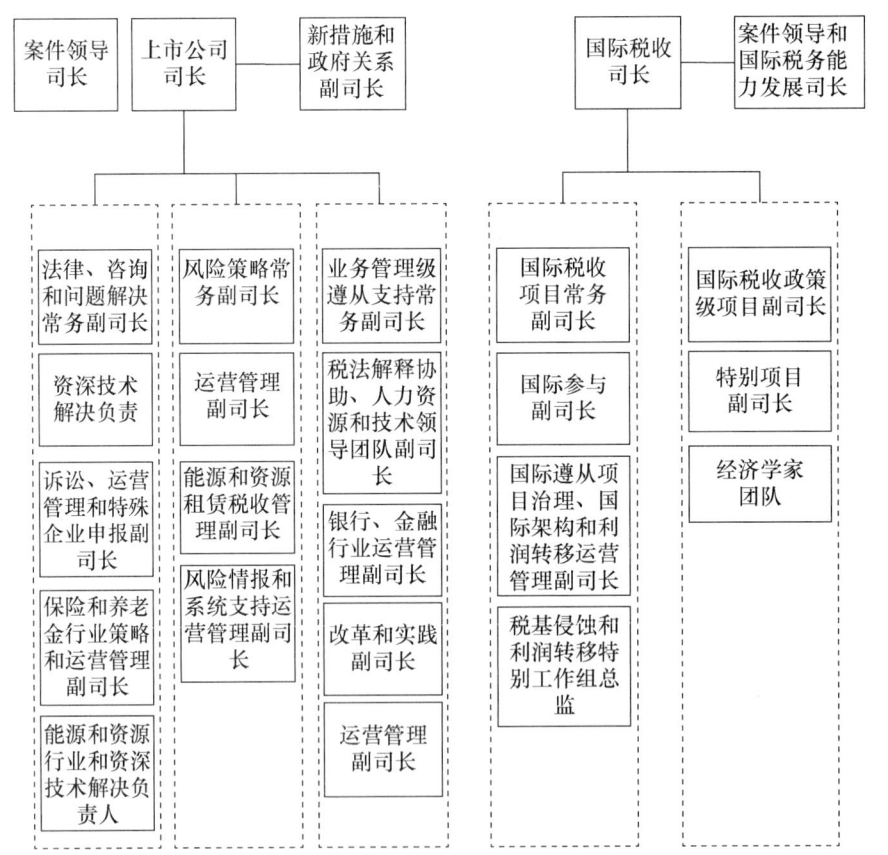

图4-3 上市公司和国际业务部组织架构

---

[1] 夏智灵. 风险导向的现代化税务审计——美国大企业税收管理的经验和启示 [J]. 国际税收, 2015 (5).

该部门业务主要划分为两个板块：上市公司和国际业务。每个板块各有一名司长负责。上市公司和国际业务部由负责上市公司和国际业务的两位司长总体负责。此外还有两名司长级高级官员担任案件领导，其中一名还承担了国际税务能力发展的工作。

上述板块的业务都按照业务内容和行业特点进一步细化，并由分布于各地的相应业务团队具体承担。每一名常务副司长会根据业务范围或地域的划分负责几个（或十几个）业务团队的工作。每一名常务副司长根据业务分工负责几名副司长的工作，并向其所在业务板块的司长直接报告工作。

3. 其他国家大企业税收管理机构

英国国内收入局于1998年建立大企业服务局，目的在于确保大企业和高收入者能依法纳税，帮助纳税人遵守纳税义务，提高税收遵从度，保证税收收入；1999年4月，该局进一步扩大，征收管理局的个人所得税处也并入该局；另外，该局还建立了一个石油税收处，专门管理石油行业纳税人的税收事务。英国的大企业税收管理模式采取的是全功能型管理模式，负责大企业所得税的征收管理，包括大企业雇员的个人所得税。英国大企业税收管理机构下设13个分局，负责大企业的公司税（企业所得税）的征收，12个分局负责雇主的税收及基金的征收；另外，还按照行业类型设立15个组派驻各地，大都在公司税（企业所得税）分局所在地办公。包括银行业、保险、建筑、不动产、零售、电力、水、媒体、汽车制造、石油、医药、电信、航空、铁路、航天等。

荷兰在1990年1月对其税收管理体制进行了改革，税收和海关管理总署对其组织结构进行了调整，按照纳税人类型重新设置了机构，分别成立了大企业、小企业和个人纳税人税收管理机构。大企业纳税管理局设有一个总部机构，在全国范围内设立了11个大企业监管处。总部不直接处理业务问题，其职能是监管全国范围内11个大企业处的业务工作；11个大企业管理处则负责大企业日常的税收征收管理，包括纳税服务、大企业审计、税收的征收监控和税收处罚。

从部分西方发达国家针对大企业的专门税收征收管理的实践过程来看，其在组织机构设置方面的做法和经验主要有三个：

一是管理模式多样化，有些仅对企业进行例行审计检查，有些则负责税收所有征收管理环节，不过大部分税收管理机构是全功能型的。

二是实行行业分类管理。按照行业分类进行管理可以更为有效地找出某一行业内的大企业共同存在的问题，并根据不同行业的税收风险对特定行业进行有效税收管理。

三是机构设置扁平化。一般设有两到三级大企业税收管理机构，工作职责划分明晰、工作任务推送便捷。

4.2 我国大企业税收管理机构专业化改革

4.2.1 大企业税收管理专业化机构从无到有

1. 国家税务总局大企业税收管理司

1982年，财政部、国家税务总局成立了税务直属分局和海洋石油分局，其中，税务直属分局专门服务于在京缴纳税款的大企业。此后，各地的税收管理局也成立了机构对重点的税源进行分类管理。但是由于我国税收管理信息化水平起点较低，无法对大企业提供专门的纳税服务和实施全面的管理，特别是我国纳税人数量比较多，税收管理机关的管理层级复杂，没有建立起高效统一的管理模式。1998年国家税务总局撤销了直属分局，将原纳税人纳入北京市国税局管理，同时，海洋石油税收管理分局也被划至当地的国税局管理。

2001年，国家税务总局发布了《关于加速税收征管的信息化建设，推进征管改革试点工作方案》，首次明确提出了成立大企业税收管理机构的具体思路。

2008年，国家税务总局根据国务院通过的改革方案，全面启动税务机关内部的新一轮机构改革，成立了大企业税收管理司，首批选定了45家大企业集团作为具体服务和管理的对象，从此，我国大企业税收管理有了实质性的突破和进步。当时，刚成立的大企业税收管理司下设五个处：综合处、管理一处、管理二处、管理三处、管理四处（海洋石油税收管理处），主要的工作职责是承担对大型企业提供纳税服务工作；实施税源监控和管理，开展纳税评估，组织实施反避税调查与审计；指导海洋石油税收业务。

2013年6月，大企业税收管理司增设管理五处，并按照"行业管理＋制度建设"的职能配置，重新明确各处的行业管理、纳税服务、风险管理、反避税和系统工作指导等职责。调整后的大企业税收管理司的工作职责如下：一是拟订大企业税源管理、纳税评估和日常检查等操作办法;二是组织实施对大企业的税源管理、纳税评估和日常检查等;三是承担对大企业提供纳税服务工作;四是拟订对大企业的特别纳税调整操作办法,组织实施大企业的特别纳税调整调查与审计;五是牵头组织实施汇总(合并)纳税企业税收日常检查;六是指导海洋石油税收征管业务;七是办理总局领导交办的其他事项。

国家税务总局成立大企业税收管理司后,省市级税务机关均成立了相应的大企业管理机构承接大企业司的相关工作,参照国家税务总局的做法和标准,各省市级大企业管理机构确定本省定点联系企业或列名企业。在职责分工上,总局、省级、市级大企业税收管理部门负责大企业复杂涉税事项管理,包括数据管理、个性化服务、风险评估以及税务审计、反避税调查等专业化管理事项。跨区域税收管理事项原则上由上一级税务机关统筹协调、负责管理。税务登记、纳税申报等日常性基础管理与一般性纳税服务工作由基层税务机关承担。

2. 省级大企业税收管理部门

省级大企业税收管理部门的设立有以下几种模式:

第一种是设立大企业税收管理处。较为典型的有山东国税、湖北国税等。一般而言,大企业税收管理处的工作职责主要有:承担对大型企业提供纳税服务工作;承担对大型企业的税源管理、纳税评估和日常检查工作;组织实施汇总(合并)纳税企业税收日常检查工作。大企业税收管理处作为省级税务机关的内设机构对下级管理部门进行业务指导。[1]

第二种是设立实体大企业税收管理局。这种模式比较典型的有山西地税[2]、河南地税、宁波地税[3]等。主要职责是组织实施大企业税收管理和服务工作;承担总局确定的大企业税收风险管理和个性化服务工作,组织实施对省级大企业的税收管理和服务工作,指导市级大企业税收管理和服务工作;负责全市大企业地方税收管理工作的业务指导和协调承担全市列名大企业和列名事项的税收风险应对。部分省级大企业税收管理局还负责管辖范围内大企业的日常纳税

---

[1] 湖北国税官方网站,http://www.hb-n-tax.gov.cn/col/col25626/index.html.
[2] 山西地税官方网站,http://www.sxs-l-tax.gov.cn/article-277-1e7d3dfb-4a33-4dc2-ad79-ebd-cf14562f5.html.
[3] 宁波地税官方网站,http://www.nbcs.gov.cn/art/2016/7/2/art_1873_97.html.

申报和税收管理，具有明确的执法主体资格，可以自行组织优势力量，对大企业集团开展风险管理。[1]这种模式的主要特点是承担了省级大企业的税收管理和服务工作，具备较为充沛的人力资源，能够直接对所管辖大企业发起风险管理，甚至直接负责企业的税收征管工作。

第三种是与国际税务管理处合署办公。这种模式虽然是形式上是一个处室，但业务分工明确，很多省级大企业税收管理部门采用这种模式，如广东国税[2]、天津国税[3]、海南国税、云南国税、云南地税等。该类处室的主要职责分为两部分，国际税务方面为：指导、协调、检查有关税收法律法规和国家（地区）间税收协议、协定（安排）的执行；组织落实非居民企业所得税征管制度，处理国家（地区）间的有关税务事项；牵头组织实施特别纳税调整工作，解释和处理具体业务问题；管理机关和系统外事工作。大企业税收管理方面为：承担对大型企业提供纳税服务工作；承担对大型企业的税源管理、纳税评估和日常检查工作；组织实施汇总（合并）纳税企业税收日常检查工作；组织实施反避税调查；指导海洋石油税收业务。

第四种是与其他业务处室合署办公。这种模式较少，形式上与第三种基本类似。较为典型的有上海国税（地税）、广西国税、重庆地税、辽宁地税等，上海税务大企业管理部门和纳税服务处合署办公，广西国税、重庆地税与征管和科技发展处合署办公。该类处室的主要职责根据合署对象的不同有所差异，如上海国税（地税）局纳税服务处（大企业税收管理处）[4]的主要职责分为纳税服务和大企业税收管理两个部分，纳税服务方面主要为：负责组织、协调、实施和指导本系统各部门、各税种、各环节的纳税服务工作；制定纳税服务工作规范和操作规程；健全12366税务咨询热线、"上海税务"网站相关服务栏目、办税服务厅建设，完善纳税服务体系和服务平台功能；负责收集、统计分析、梳理、督办纳税人诉求。大企业税收管理方面主要为：组织指导对大型企业提供纳税服务工作；组织指导对大型企业的税源管理、纳税评估和日常检查工作；组织实施汇总（合并）纳税企业税收日常检查工作；牵头负责管理海洋石油税

---

[1] 中国税务报，http://www.zjtax.gov.cn/pub/zjgs/swxc/swyw/mtbd/201403/t20140307_308712.html.

[2] 广东国税官方网站，http://portal.gd-n-tax.gov.cn/pub/001032/qjgk/jgsz/.

[3] 天津国税官方网站，http://www.tjsat.gov.cn/11200000000/0100/010002/20140513094248415.shtml.

[4] 上海税务官方网站，http://www.tax.sh.gov.cn/pub/xxgk/swgk/201202/t20120229_389667.html.

收业务；配合其他部门做好相关的税收工作；指导基层单位相关部门业务工作；完成局领导交办的其他工作。广西国税等省级税务机关大企业管理机构则会增加税收征管方面的职能，在此不予详述。

总体来看，四种模式虽然形式上有所差异，但是在大企业税收管理这一业务上基本一样。需要明确的是，和属地管理相比，省级大企业税收管理机构呈现出显著特点：一是管理范围有限，省级大企业管理部门主要服务与管理对象为税务总局确定的大企业在当地的成员单位，以及省、市明确的列名管理企业。二是管理职能有限。除部分实体大企业税收管理局外，大部分大企业税收管理部门主要为列名管理企业开展税收风险管理，提供个性化纳税服务，纳税申报等涉税基础事项仍实行属地管理。三是与既有征管体制不冲突，国税、地税分别管理职能不变，税款的归属和入库级次不变，属地管理为主的管理体制不变。

此外，部分省市还探索了虚拟的网状大企业税收管理模式[1]，即以大企业税收管理机构为实体，将各职能部门、属地主管机关联动成一个个虚拟的跨部门工作单元（组），其工作模式为核心工作由大企业税收管理机构承担。纵向来看，该机构直接管理大企业；横向来看，若干个项目组相互联动，构成网状结构，从而实现了大企业专业化管理和个性化服务的统一。

3. 地市级大企业税收管理部门

与总局、省局大企业税收管理机构不同，地市级大企业管理机构处在基层，与大企业沟通更多，和大企业关系更为紧密。从实际情况看，地市级大企业管理机构的模式一般有以下三种：

第一种是设立大企业税收管理科[2]。在业务上主要受省级大企业税收管理部门指导，工作职责与总局、省级大企业税收管理部门层层传递，具体的工作职责一般为：承担对大型企业的纳税服务工作；承担对大型企业的税源管理、纳税评估和日常检查工作；承办汇总（合并）纳税企业税收日常检查的有关工作。同大企业税收管理处类似，大企业税收管理科也是地市级税务机关的内设机构，部分地市级大企业税收管理科也会和国际税务管理科合署办公。

第二种是成立地市级大企业税收管理局。这种模式已经成为越来越多的地

---

[1] 中国税务报，http://www.zjtax.gov.cn/pub/zjgs/swxc/swyw/mtbd/201403/t20140307_308712.html.

[2] 北京海淀区国税官方网站，http://www.bjsat.gov.cn/bjsat/qxfj/hd/sy/zfxxgk/.

市级大企业税收管理部门的选择。与省级大企业税收管理局不同，地市级大企业税收管理局多数为全职能局。如柳州市国税局[1]在2013年即设立大企业税收管理局，改变按地域划分管理范围、由各县（区）分别进行服务和管理的方式，将年纳税额超2 000万元的企业及其下属企业、国家税务总局定点联系企业在柳成员单位等进行集中服务和管理。纳入服务和管理的大企业税款入库级次不变、申报方式不变，由大企业税收管理局统一核算。

第三种是设立大企业税收管理所。如北京市海淀区国家税务局[2]设置了多个税源管理所，分不同行业对大企业进行日常管理和风险应对工作，除此之外，还负责税收收入分析、预测，开展税源调查，对重大政策进行点对点辅导等。

4.2.2 大企业税收机构改革正在加速推进

1. 国家税务总局大企业税收管理司转变职能

2015年底，根据《深化国税、地税征管体制改革方案》的要求，国家税务总局大企业税收管理司对原45户定点联系企业的管理对象范围进行扩大，在《深化大企业税收服务与管理改革实施方案》中提出"对纳税人实施分类分级管理，提升大企业税收管理层级，抓住全国千户集团这个'关键少数'，深入推进大企业税收服务与管理改革"。从此，"千户集团"替代了"定点联系企业"的概念，成为大企业税收管理机构的对象即大企业的代名词。在管理范围拓展的同时，大企业税收管理司的职责定位和职能调整基本完成，确立了千户集团税收分析的基本格局。[3]

职能调整后，大企业税收管理司主要承担大企业税收经济分析、税收风险分析和税源监控工作职责；指导税务系统大企业税收风险分析应对工作；组织开展大企业个性化纳税服务；指导海洋石油税收管理业务。[4]其具体职责变更为：

（1）拟订大企业税收经济分析、税收风险分析和税源监控等操作办法；

（2）组织实施大企业税收经济分析和税收风险分析；

---

[1] 新华网，http://www.gx.xinhuanet.com/fortune/2013-04/08/c_115233559.htm.
[2] 海淀国税官方网站，http://www.bjsat.gov.cn/bjsat/qxfj/hd/swts/dsysws/201511/t20151117_241458.html.
[3] 中国税务报，http://www.ctaxnews.net.cn/html/2016-12/07/nw.D340100zgswb_20161207_1-01.htm?div=-1.
[4] 国家税务总局官方网站，http://www.chinatax.gov.cn/n810209/n810585/n1045508/index.html.

(3) 指导税务系统开展大企业税收风险分析应对工作；

(4) 承担对大企业提供纳税服务工作；

(5) 指导海洋石油税收征管业务；

(6) 办理总局领导交办的其他事项。

根据上述工作职责设立了六个处室：综合处、数据管理处、制度规划处、评审质控处、考核服务处、经济分析处。

与之前的机构设置相比，转变职能后的大企业税收管理司的机构设置呈现出几个显著特点：一是工作管理对象从45户定点联系企业变为千户集团，管理对象迅速扩大；二是在税收风险管理上贯彻落实《深化大企业税收服务与管理改革实施方案》中的"数据采集——风险分析——推送应对——反馈考核"全流程的闭环管理机制，有专门处室负责对应环节，不再按照行业进行处室职责划分；三是工作职责增加了经济分析的内容，专门设置了经济分析处对涉税数据进行国民经济运行状况进行分析。这表明，大企业税收管理已经迈出了关键一步。

管理对象的迅速扩大对大企业管理方式提出了挑战。为解决人力资源不足的问题，大企业税收管理司与北京市国家税务局第五直属分局深度融合，千户集团税收风险管理工作也以第五直属税务分局为平台开展。[1]相对于省级其他大企业税收管理局，第五直属分局较为特殊，一方面该局是北京市国税局的直属机构，另一方面该局业务上受总局大企业税收管理司领导。现在北京市国税局第五直属分局已经是国家税务总局与省级税务局深度融合或合作的典型样例。

北京市国税局第五直属分局从成立之日起，和国家税务总局大企业税收管理司的关系就非常密切。2012年，北京国家税务局决定成立第五直属分局负责大企业税收管理，正式启动了筹备工作[2]，2013年底第五直属分局正式对外办公[3]。和其他实体大企业局类似，第五直属分局主要负责定点联系企业在京成员企业开展税收风险管理工作。

2015年底，在大企业税收管理司进行职能调整的同时，北京市国家税务局第五直属税务分局也进行了相应的职能调整，主要负责千户集团税收风险分析

---

[1] 中国税务报，http://www.ctaxnews.net.cn/html/2016-12/07/nw.D340100zgswb_20161207_1-01.htm?div=-1.

[2] 北京国税官方网站，http://www.bjsat.gov.cn/bjsat/qxfj/zswfj/sy/zfxxgk/zfxxgkml/jhzj/201403/t20140326_132606.html.

[3] 北京国税官方网站，http://www.bjsat.gov.cn/bjsat/qxfj/zswfj/dqyfw/fxgl/201507/t20150717_231975.html.

工作[1]。国家税务总局主要领导对第五直属税务分局寄予厚望，认为第五直属分局的职能转变对深化国税、地税征管体制改革，推进税收管理现代化，服务国家治理现代化都将起到积极作用，要求第五直属分局做好税收风险分析、行业专项分析、宏观经济分析和国际比较分析，为税收经济管理提供重要决策参考。[2]

第五直属分局的具体工作职责是：负责千户集团税收风险分析工作，包括对千户集团税收数据的具体处理、软件工具的研发使用、分析平台的运行维护，对税收风险进行计算机扫描，开展人工专业复评，协助开展税收经济分析等；承担大企业管理司交办的其他工作任务。[3]

目前，第五直属税务分局设9个内设机构[4]：办公室、人事教育科、综合业务科、信息管理科、风险识别科、风险分析一科、风险分析二科、风险分析三科、风险分析四科。

办公室主要负责公文运转、综合材料、信息宣传、财务管理、后勤服务以及其他综合保障工作。

人事教育科负责协助国家税务总局人事司、大企业管理司进行第五分局人事管理方面的日常工作；承担第五分局教育培训、党群建设等工作；负责第五分局纪检监察工作。

综合业务科负责拟定风险分析工作制度、业务流程和年度计划，统筹协调各科室风险分析业务，对风险分析报告实施质量控制，统计汇总风险分析数据。

信息管理科负责根据国家税务总局确定企业名册，绘制企业集团树状族谱；负责总局确定企业名册信息日常维护；负责优化完善总局确定企业名册管理模块的功能；负责总局确定企业税收数据的具体处理，针对具体分析对象和分析任务，提供所需数据的清洗、加载等数据保障工作；负责协助开展税收经济分析有关工作。

风险识别科负责对国家税务总局确定的企业税收风险分析任务和分析对象，从不同维度进行税收风险的计算机自动扫描和初步分析，形成税收风险识别报告；负责税收风险分析软件工具的研发使用、税收风险分析平台的运行维护等技术支持和保障工作。

---

[1] 陈慧永. 完善机制建设打造大企业税收风险管理专业品牌[J]，中国税务，2017（1）.
[2] 北京国税官方网站，http://www.bjsat.gov.cn/bjsat/qxfj/zswfj/sy/zfxxgk/zfxxgkml/gzdt/201602/t20160218_248443.html.
[3] 北京国税官方网站，http://www.bjsat.gov.cn/bjsat/zwgk/zfxxgk/gkml/jgzn/jgsz/.
[4] 北京国税官方网站，http://www.bjsat.gov.cn/bjsat/qxfj/zswfj/sy/zfxxgkml/.

风险分析一科、二科、三科主要负责不同行业大企业的税收风险分析工作，组织开展所辖行业的典型分析和现场调研，对计算机自动扫描出的税收风险开展人工专业复评，进行深入案头分析，形成风险分析报告，进行风险等级排序。

风险分析四科与其他三个风险分析科不同，主要统筹重大专项分析工作，组织开展典型分析和现场调研；承担涵盖多行业的综合类集团税收风险分析工作，对计算机自动扫描出的风险开展人工复评，形成风险分析报告，进行风险等级排序。

从工作职责看，第五直属分局主要承接大企业税收管理司工作任务，不同科室已经与大企业税收管理司不同处室实现了业务对接，仔细查看第五分局的工作职责可以发现，其职能甚至处于《深化大企业税收服务与管理改革实施方案》中"数据采集——风险分析——推送应对——反馈考核"全流程的闭环管理机制中的中心环节——风险分析，这表明，第五直属分局与大企业税收管理司之间已经实现了一体化运作。

2. 省级大企业税收管理部门

国家税务总局大企业税收管理司完成职能调整之后，省级大企业税收管理部门虽然在管理范围和工作职责上发生了变化，多数省级大企业税收管理部门并没有进行明显的机构调整，但一个值得关注的现象是，越来越多的省级税务机关通过转变原有机构职能设立全职能的大企业税收管理局（一般是一套机构、两块牌子）。如河南地税、贵州地税、广东地税都已经设立了大企业税收管理局或将原来的直属分局转变职能，赋予其大企业税收管理的职能，典型的如广东省地方税务局大企业税收管理局[1]，其工作职责已不仅仅是原来的省级征收、检查、管理等，还包括：拟定省级大企业集团名单；贯彻落实国家税务总局大企业税收管理工作任务，对全省大企业地方税收管理工作进行业务指导、协调；组织开展政策研究，提出全省大企业税收管理意见、服务方案；负责省级大企业的涉税诉求办理、遵从协议谈签等个性化纳税服务工作；组织实施对省级大企业的税源监控、风险识别、风险评估、税务审计等全流程税务风险管理工作

---

[1] 广东地税直属分局官方网站，http://zsfj.gdltax.gov.cn/portal/site/site/portal/fzgb/fjdqy/nrpage.portal?contentId=KG3NGOXT59VF0WEZ5K60ZQISWFIHQGCS&categoryId=O7MLJ7T8GA-AEXT01TRH3SIV3JVOSIJ9G.

等。同时,还专门设立了税收风险管理科室负责组织实施不同行业的总局千户集团和省级大企业的税收风险管理工作。

3. 地市级大企业税收管理部门

和省级大企业税收管理部门类似,地市级大企业税收管理部门的管理范围和职能也随着总局、省级大企业税收管理部门职能的调整发生了变化,如海淀区地方税务局第五税务所开始负责千户集团管理,进行数据采集及风险应对工作,及时了解企业重大生产经营发展及关联交易信息,实现主动管理。[1]

4. 大企业税收管理新格局正在形成

在《深化大企业税收服务与管理改革实施方案》中,国家税务总局提出,要逐步实现大企业税收服务与管理的全国一体化运作。2016年12月,全国税务系统大企业税收管理工作会议在石家庄市召开[2],会议进一步明确,大企业税收管理改革是税收征管改革的"先手棋",是构建现代税收征管体制的重要一步。要求各级税务机关认清形势,牢牢抓住大企业税收管理改革的历史性机遇,将大企业税收管理改革置于国家税收治理的高度统筹考虑,整体推进。在具体工作中,要紧紧抓住千户集团这一"关键少数",全速推进大企业税收管理改革。国家税务总局提出,在大企业税收管理体制机制的一揽子改革中,一方面,有条件的省市,原则上都要在机构设置数量不变的框架下,职能配置适应大企业税收管理改革要求,调配人员,明晰职责,做实管理,使大企业的风险管理和千户集团风险分析落到实处。另一方面,要进一步明确大企业税收管理工作定位,厘清职责边界,完善总局和省局大企业部门统筹分析、上下联动工作机制,构建职责清晰、分工明确、衔接有序的大企业税收服务与管理岗责体系。

按照上述要求,省级和地市级大企业税收管理部门正在加速推进大企业税收管理专业机构的落地工作。例如,重庆市国家税务局调整了北部新区国家税务局职能[3],赋予其大企业管理职能,主要职能之一是负责承接国家税务总局

---

[1] 海淀地税官方网站,http://haidian.tax861.gov.cn/dtkx/display.asp?more_id=1587171.
[2] 中国税务报,http://www.ctaxnews.net.cn/html/2016-12/12/nw.D340100zgswb_20161212_1-01.htm?div=-1.
[3] 重庆国税官方网站,http://www.cqsw.gov.cn/Xbb_gsgw/Xbb_xxgk/Xbb_xxgkTzgg/201701/t20170104_245906.html.

推送的风险管理任务，包括千户集团在重庆企业风险管理和国家税务总局按行业、事项、税种推送的风险管理任务。又如，广州市国家税务局于2016年9月份正式启动了大企业税收管理专业化机构运作[1]，给广州市国家税务局直属税务分局增加大企业税收管理的职能，明确广州市国家税务局直属税务分局统一负责对广州市辖区内的国家税务总局、广东省国家税务局确定的大企业总部和成员企业，以及广州市国家税务局确定的市级大企业进行管理，包括其税收风险管理、税源监控分析和个性化纳税服务工作。无论是在总局、省级、地市级大企业税收管理纵向链条上，还是不同层级的大企业税收管理横向对比上，大企业税收专业化管理新格局正在形成。

4.2.3 大企业税收机构设置评价

大企业税收管理改革从2008年到现在，已经走过了近10个年头，从国家税务总局成立大企业税收管理司到各省市级税务机关成立大企业税收管理处、大企业税收管理局，从机构设置而言，大企业税收管理已经初步建立了业务模式，形成了能够支撑大企业税收管理的机构及人力资源。在大企业税收管理司的统筹下，省市级大企业税收管理部门改变大企业税收管理和服务方式，从分散型的管理、服务方式向集约化的管理、服务转变，在大企业税收管理和服务上做出了有益探索。

1. 通过设置大企业税收管理专业机构，改变了既有大企业税收服务方式

大企业涉税诉求复杂，传统的税收服务模式很难满足大企业的需要，大企业税收管理部门通过与大企业沟通交流、互动合作，为大企业提供签订税收遵从合作协议或试行涉税事项事先裁定等个性化服务产品，帮助大企业解决涉税诉求。

2. 通过设置大企业税收管理专业机构对大企业进行风险管理，将大企业涉税事项由大企业税收管理部门扎口

根据不同风险类别和等级实施差异化的风险管理策略，及时发现企业经营

---

[1] 广东国税官方网站，http://www.gd-n-tax.gov.cn/pub/gdgsww/ssxc/swyw/tpxw/201609/t20160922_1071346.html.

管理各环节的涉税风险,引导企业开展税务风险管理,有效缓解了"管得着的看不见,看得见的管不着"的窘境。2016年,大企业税收管理司以北京市国税局第五分局为平台,统筹总局和省级两级大企业税收管理部门,全年共对547户集团所属1354户成员企业开展分析,撰写分析报告1356份,涉及税种11个、风险点2880个,预估税款660多亿元。[1]

3. 现行机构设置仍无法满足大企业税收管理的现实需要

从目前看,税务机关设置大企业税收管理部门虽然为大企业税收管理与服务提供了一定支撑,部分省市大企业税收管理机构也做出了一些探索,但是尚未从根本上解决大企业税收管理层级与大企业自身组织体系错位的问题。因此,大企业税收管理中信息不对称、能力不对等、服务不到位、管理不适应等问题无法得到根本的解决。

在管理方面,在现行属地管理税收征管体制下,大企业及其大型成员企业更多地受属地主管税务机关管理,税务端层级较低与企业端层级较高对接的现象大量存在,这种不对称造成协调沟通成本巨大,属地税务机关很难对大企业进行实时有效管理。

在服务方面,大企业的某个涉税事项通常涉及多个税种,需要与同时多个政策部门沟通,服务体验有待提升。尤其是现在大企业均是跨省经营甚至跨国经营,无论是大企业集团总部还是其成员企业,主管税务机关或大企业税收管理部门都无法获取全部涉税信息,同一个大企业的事项由于成员企业较多,涉及税务机关层级复杂,成员企业常以需向总部沟通协调为借口规避监管,上述税务机关无论是对其进行管理还是提供服务都要付出额外成本。

当然,大企业税收管理改革还在进行时,问题的存在说明了改革的必要性。随着大企业税收管理改革走向深入,大企业税收管理层级会逐步得到提升,随着国税、地税合并,将有效推动大企业税收服务深度融合、执法适度整合、信息高度聚合,着力解决当前大企业税收管理中的各种问题,提升大企业税收服务与管理质效,大企业税收管理和服务会再上一个新台阶。

---

[1] 中国税务报,http://www.ctaxnews.net.cn/html/2016-12/07/nw.D340100zgswb_20161207_1-01.htm?div=-1.

4.3 大企业税收管理机构设置建议

4.3.1 近期建议

1. 推进管理机构实体化

按照2016年全国税务系统大企业税收管理工作会议的有关要求,大企业税收管理要在体制机制上实现重点突破,通过调整机构职能,做实大企业税收管理。具体而言,就是要在系统总结实体专业机构改革经验的基础上,将某些机构的职能转变为大企业税收管理,同时赋予大企业税收管理机构更多权限。建议稳步推进,着手试点提升按对象管理和复杂事项权力的上收。

一是可以在基础涉税事项实行属地管理、不改变税款入库级次的前提下,赋予大企业税收管理局部分征管权限、复杂业务事项的受理、风险管理及典型调查等职能,同时与属地主管税务机关理清业务边界;二是可以在条件成熟的地方直接设立全职能的大企业税收管理机构,大企业纳税人的所有涉税征管事项全部由该机构处理(稽查权除外)。

2. 设立区域性管理中心

参考美国的大企业税收管理模式,结合我国现行税务管理体制实际,建议在大企业集中、行业集中区域或中心城市建立实体化或虚拟的大企业管理中心,同时具备国税、地税大企业税收管理职能,统筹该区域内的各省级国地税大企业税收管理工作,区域性大企业税收管理中心直接向国家税务总局大企业税收管理司负责,确保区域内大企业税收管理、服务的一致性。一方面,可以对区域内的大企业进行分级分类管理,该区域的大企业涉税事项扎口到区域中心,实现区域内扎口和顶层大企业税收管理部门的集约化管理;另一方面可以根据该区域大企业的特色,将专业化管理落到实处,通过对资源进行优化配置,提升对重大事项或复杂典型的管理水平,从而提高整个大企业税收管理工作的工作效率。

比如,北京总部经济比较发达,专门设立大企业税收管理中心,针对总部型组织结构的大企业进行专门管理,同时结合京津冀一体化战略统筹附近区域的大企业管理;上海兼有总部经济及邻近区域配套产业集聚的特点,设立上海大企业税收管理中心，统筹江、浙、闽等出口型经济省份的大企业管理；重庆或武汉作为长江经济带的核心地区，可以设立统筹整个长江经济带的大企业管理中心；设立西安大企业税收中心，统筹管理中西部地区以煤炭、石油、天然气的开采加工为主业的大企业税收。各个大企业管理中心，直接承接国家税务总局大企业税收管理司工作任务，负责统筹区域内各省级国地税大企业税收管理工作，工作成果直接向大企业税收管理司汇报。这样更容易实现信息、决策和指挥的集中，有利于优化人力资源的配置，税收管理使不同的省级大企业管理部门整合为一个整体，与大企业集团形成一一对应的"一体化"管理关系，改善管理主体碎片化、信息不对称和人力资源分散等缺陷。

4.3.2 改革永远在路上

随着"金税三期"征管信息管理系统的全面上线，税务系统数据的全国集中已经初步实现，外部的第三方数据和互联网数据也越来越多，税务系统已经全面进入大数据时代，信息逐渐透明、政策更加规范，点与点之间的信息不对称大幅降低，属地管理的优势越来越模糊，国家税务总局了解到的纳税人信息甚至比属地主管税务机关的管理员还要丰富，这为税收现代化提供了绝佳的历史机遇。

在全国税收现代化的宏伟蓝图中，科学严密的征管体系、高效清廉的组织体系是重要的组成要素。从国外先进国家的经验看，按照纳税人而不是税种进行税收管理、实行扁平化管理已经成为普遍模式。也许，随着税务系统的征管模式改革，大企业税收管理机构设置会继续进行调整。

税务系统以组织机构的扁平化为子目标，打破属地管理、分税种为主管理的格局，以纳税人规模为主，参考各地的经济总量、集团数量、事项复杂度，在全国进一步优化配置征管资源。一种可能的模式是，在总局、省级等不同层级组建大企业税收管理局、中小企业税收管理局，具有实际管理和服务的职能。同时，压缩市一级税务机关组织结构，中小企业涉税事项主要通过县（区）级中小企业税收管理局进行服务和管理，大企业涉税事项主要通过总局、省级（区域）大企业税收管理局进行服务和管理。现有业务部门的部分职能划分到这两个局中，并混合组成强大的后台政策支持部门对两个局进行政策支持，对纳税人的管理关系将从"一对多"变为"一对一"，从而形成"大后台＋两实体"

的管理格局，两个管理机构可以针对不同管理对象统一受理涉税诉求与争议调处、集中进行数据采集与交换、统一评定纳税信用等级与风险等级、统一协调各地税务机关采取一致性行动。依照上述思路，大企业税收管理机构的职能调整会更加剧烈，在省级（区域）设立大企业税收管理局后，可能部分地市也要同步设立，但部分地市则没有必要设立，具体要结合大企业的分布、规模等因素综合考虑。

未来，按照《深化大企业税收服务与管理改革实施方案》的总体思路和目标继续向前推进，对纳税人实施分类分级管理，提升大企业税收管理层级，整个专业化机构的设置会随着改革不断走向深水区，持续优化调整。

TAX OF LARGE BUSINESS
TEN YEARS OF RESEARCH ON
Basic Challenging Problems

第5章 管理方式

5.1 以风险为导向的管理理念

5.1.1 基本内涵

在大企业税收管理中,以风险为导向是一种全新的管理理念,与以完成税收任务为导向的管理理念有巨大的差异。其基本内涵主要包括以下几个方面:

一是平衡治理。即把大企业个性化服务和风险管理放在同等重要的位置,在风险管理的全过程中同步实施个性化服务,提高防控税收风险的能力,促进大企业主动遵从。现代税收管理的目标是提高税法遵从度(尤其是纳税人的税法遵从度),税务机关服务和管理的目的,就是提高纳税人税法遵从的能力和自觉性,有效防范和控制纳税人不遵从行为的发生。服务与执法是对称的、统一的、相辅相成的,税务机关的管理工作要在两者之间实现平衡,实现"纳税服务+税收执法=税收遵从"的治理目标。

二是合作遵从。基于税收法律关系平等的基本理念,税务机关通过服务和管理相结合、寓管理于服务的工作方式,在不断加强税收风险管理的同时,引导企业完善税收风险内控体系,提高自我防控税收风险能力,实现对税法的自觉遵从,构建和谐的税收征纳关系。

三是风险导向。按照风险管理的要求科学配置管理机构和资源,构建事先风险防范、事中风险控制、事后风险处理的风险防控体系,形成以风险管理为导向,覆盖风险分析识别、等级排序、应对处理、绩效评价全流程的闭环管理。

四是预防与控制。在纳税人尚未发生风险之前,税务机关采取各种有效措施,帮助纳税人做好风险内部控制,促进纳税人自愿遵从,有效化解可能存在的风险。

五是分类应对。根据纳税人的不同风险类别和等级,实施有针对性和差别化的风险管理措施,找出影响税收遵从行为的重要因素,努力使税收不遵从风险控制在最低限度,为实现税收遵从最大化这一组织目标提供保障。

5.1.2 国际经验

发达国家税务机关坚持风险管理的理念，以风险为导向，重构并优化税务管理的组织架构，以信息化为依托，采用人机结合的方式进行风险识别，将纳税人划分为不同的风险等级，根据风险的高低采取不同的应对方式。

1. 美国

美国大企业税收风险管理采用企业服务、风险管理、税务审计的管理流程。

美国国内税务局（IRS）努力将税收风险防控和处理措施前移至企业服务阶段，主要做法包括：一是提倡申报前合作，如美国申报前管理及技术指导处已研发出个别信函裁定、申报前协议、合规性保证程序等一系列产品；二是提升申报中的管控，要求大企业在纳税申报时必须附列税会差异表、不确定涉税事项表等，争取尽可能早地暴露出相关问题，节约事后发现问题的成本。

IRS 对大企业实施有效信息化管理的基础是充分占有企业的各种涉税信息，这些信息不仅包括申报信息，还包括其他部门的信息，甚至从商业公司购买第三方信息等。通过占有全面的数据信息，采取有针对性的措施，对大企业实施有效管理。

IRS 采用两种系统对大企业进行风险识别和评分。一是 DAS 系统，通过使用数学公式建立税收风险模型，对大企业纳税申报表逐一进行涉税风险扫描，识别出纳税申报表存在什么样的风险，最终生成一份经过评分和风险等级排序的纳税申报表清册。二是 SWC 系统，针对具体的税收问题（事项）进行风险识别和评分，它将 IRS 内的各类数据库信息与第三方金融数据进行比较，筛选出风险最高的纳税申报表进行审查。

税务审计方面，IRS 已建成审计信息管理系统、检查报告控制系统等大企业审计管理系统。审计信息管理系统从头到尾跟踪案例审计的各个阶段，监测纳税人税收负担及其税法遵从情况，并借以生成报告保证高层能够及时掌握各地整体工作量、每个案件所处状态、案件花费时间、案件补缴税款等情况。检查报告控制系统用于控制并监测纳税申报表和审计所花费的时间，并为管理者提供清单管理报告。这些信息系统使得美国大企业风险评分的准确度较高。

2. 荷兰

荷兰采用平行风险监控模式。即税企双方横向享有平等的地位和权利义务，其核心是税企双方相互信任、理解和透明。税务机关要对企业提出的诉求予以快速响应，提供一站式服务，并对企业保持愿意解决问题的开放式态度。企业也对税务机关透明，自觉建立税收风险内部控制体系，并及时向税务机关提供与税收相关的资料，提前向税务机关报告不确定的税收问题与交易事项。主要做法是指导大企业建立"税收控制系统"，实施对企业所有工作流程的控制，重点是对税务事宜的内部控制。

3. 澳大利亚

澳大利亚联邦税务局（ATO）对大企业税收风险管理采用风险评估、风险排序、差异化管理的管理流程。

ATO所采集的信息并不仅仅局限于税务部门的信息。2010年，澳大利亚政府已推出了AUSKEY系统，在所有政府部门使用，从而实现了第三方数据的全面交换。

澳大利亚大企业管理局使用风险过滤器和风险分化框架对大企业进行分类和定位，按照违约的可能性和后果大小，将纳税人进行分类，对不同风险的纳税人采取不同的管理方法。

第一类，高风险纳税人。这类纳税人不遵从可能性大、不遵从后果严重，税务机关会采取"1对1"持续审核方式"实时阻止"其恶意避税行为，在风险出现时及时发现并处理。ATO对这类纳税人投入了大量的管理资源，多采取风险评估、审计等管理方式。

第二类，重点纳税人。这类纳税人不遵从可能性低、不遵从后果严重，大多数特大型企业可以归入此类，税务机关一般采取"1对1"持续监控方式进行管理，并会特别关注其风险管理和治理结构，以降低遵从风险。重点纳税人更可能向ATO提出税收裁定申请，申请税务机关对其涉税重大事项做出裁定。ATO还通过与重点纳税人签署年度遵从安排，解决其涉税处理确定性问题，降低遵从成本。

第三类，中等风险纳税人。这类纳税人不遵从可能性高、不遵从后果较轻，税务机关主要采取"1对n"定期审核管理方式，重点审核重大事项，重点关注税收收入下降的纳税人。

第四类，低风险纳税人。大多数纳税人可以归入此类，这类纳税人不遵从可能性低、不遵从后果轻微。对这类纳税人，税务机关主要采取"1对多"定期监控方式，比如，针对已识别的特定行业风险采取风险提醒、走访、内控检查、辅导等方式进行管理。

ATO用风险模型和风险评估工具挑选潜在的审计对象，用案件挑选数据库工具确定案件优先程度，用个案管理系统从头到尾管理案件审计的各个阶段。

ATO有专门的管理层信息报告系统，对具体案件，借助合规审查情况报告工具自动生成个案情况报告；对税收收入情况，借助税收报告工具自动生成税收收入报告，供管理层就本局工作做决策参考。

ATO大企业税收风险管理具有以下特点：

一是突出遵从目标，培养风险管理理念。ATO在税收风险管理的总体规划上，从目标的确定到产品的设计，最大的特点就是建立与纳税人共同合作的税法遵从关系。一方面，根据"遵从金字塔"模型区别采取遵从应对措施，税收风险管理针对性较强，创造了一个有利于自愿遵从税法的环境，税企双方合作互信，共同促进税法遵从。另一方面，ATO强调对风险审计结果进行反思，深入分析不遵从的制度原因，不断完善风险管理制度，改进税收遵从产品。

二是加强顶层设计，完善风险管理规程。ATO在税务风险管理方面有非常清晰的规程，并通过丰富的申报前和申报后遵从产品予以实施。申报前遵从产品有申报前遵从分析（PCR）、年度遵从安排（ACA）、申报前走访、税收裁定等，申报后遵从产品有客户风险审查（CRR）、专项审查、税务审计等。可以说，ATO的审计流程是置于ATO整体遵从管理体系之中加以设计的，与其他遵从产品具有严密的逻辑关系，可以保证税务审计能够深度挖掘处理企业税收风险。

三是强化风险预防，提升税务审计效率。征纳双方的风险分析和风险审查贯穿ATO税务审计的全过程。无论从ATO"预防第一、纠正第二"的税收风险管理策略讲，还是从税企双方成本效率角度看，作为纠正措施的税务审计绝非可以广泛实施的遵从产品。税企关系应当朝着合作互信的方向发展，为避免影响大企业税务管理部门职能的有效发挥，科学选择、适量开展税务审计很有必要。这说明，推进风险管理从事后管理向事前防控转变是非常重要的，通过加强政策发布与传送、税收裁定制度、定期发布行业税务检查指引、要求纳税人建立税务风险内控程序等预防性措施，降低纳税人不遵从风险，可以提升税务审计的效率。

四是充分了解企业，统筹风险应对资源。ATO重视对企业的日常跟进了解，通过企业业务范围、行业、社会、经济、心理、遵从系统等因素充分了解企业的经营行为。由于ATO遵从管理工作团队能够全面、及时了解大企业业务运行领域及商业背景，有效保证了全面风险分析和风险审查的准确性，为是否实施税务审计提供了更为可靠的依据，从而为实现有效的遵从管理奠定了基础。

五是全面夯实基础，保障风险管理有效实施。ATO税务风险管理作用的充分发挥，得益于其拥有配套的硬件技术和软件环境。从硬件技术上讲，ATO基于有法律保障的强大信息数据采集功能、覆盖面广的管理信息平台和分析工具；从软件环境看，ATO税务审计中科学的团队协作和技术支撑机制、合理的税企信息沟通机制、严密的审计过程监督机制等更值得我们借鉴。

5.2 我国实践与成效评析

5.2.1 我国大企业税收风险管理探索实践

2008年以来，全国各级大企业税收管理部门立足国情，借鉴国际先进经验，完善风险管理制度，创新风险管理业务体系，通过不断的探索和尝试，逐步确立了以风险管理为导向，以信息化建设为依托，以分类分级为基础，以千户集团这一"关键少数"为突破口，逐步建立了中国特色的大企业税收风险管理模式。

1. 加强风险管理制度建设

（1）建立风险管理制度框架。2011年7月，国家税务总局印发《大企业税收服务和管理规程（试行）》（国税发〔2011〕71号），对税务机关如何实施专业化管理进行了基本规范，细化了大企业税收服务和管理工作内容，明确了工作职责，固化了工作任务，将遵从管理理念落实为可操作的管理制度。

(2)规范风险管理关键环节。2014年2月,国家税务总局印发《关于税务总局定点联系企业税收风险管理工作有关事项的通知》(税总发〔2014〕26号),对税收风险管理工作中风险评估、风险自查、税务审计、反馈提高等几个关键环节的工作内容进行明确和规范,提升了风险管理工作的系统性、流程性和规模化效应。

(3)统一风险管理工作流程。2014年9月,国家税务总局印发《国家税务总局关于加强税收风险管理工作的意见》(税总发〔2014〕105号),确立了大企业税收风险管理流程与税收征管整体流程的关系,强调了风险管理的一体化运行机制,明确了税务审计的工作规范,完善了大企业税收风险管理工作的协作机制。

2. 完善风险管理业务体系

(1)促进企业自觉遵从,尝试开展税收风险自我评定。

2009—2010年对中石油等11户企业集团、诺基亚等10户外资总局定点联系企业探索开展了以风险为导向、引导企业自查自纠的税收检查新方式。企业风险自查分四步实施:第一步,进行风险测评,帮助企业查找可能存在的不遵从行为和税务风险。第二步,区别企业不同遵从情况,要求企业按照总局开发的自查软件开展自查,同时大企业管理司牵头组织开展自查督导。第三步,对企业报送的自查结果集中进行复核,督促其整改。第四步,以《税务风险管理建议书》的形式提出整改意见和建议,督促企业加强税务风险防范,做到以查促管。对其中需要进一步进行重点检查的成员企业,将名单和具体检查内容移交稽查部门开展重点检查。

2011年对中国烟草等24户总局定点联系企业开展了税务风险内控调查和评估,探索依托大企业税收管理司开发的大企业税务风险管理信息系统开展风险管理,向企业反馈建议书,引导帮助企业完善税务风险内控机制,促进企业主动遵从。工作流程是:第一步,采集企业涉税信息数据和日常税收征管信息,并由当地税务机关对企业填报的各类涉税信息进行复核比对;第二步,使用风险评估模块对采集到的信息进行汇总加工整理并自动评估涉税风险;第三步,国家税务总局将信息系统自动评估的结果反馈各地大企业税收管理部门,由属地税务机关组织专业人员进行进一步的人工评估;第四步,大企业税收管理司根据各地税务机关报送的人工评估结果,在汇总分析的基础上,向企业出具税务风险评估报告，同时抄送税务系统相关单位，为开展针对性的纳税服务与风险管理工作提供依据。

（2）完善管理流程，探索全流程税收风险管理。

在前期实践积累的基础上，国家税务总局开始探索实施全流程风险管理。2012—2014年先后对中石化、中国烟草、中石油等12户总局定点联系企业开展全流程税收风险管理专项工作。全流程税收风险管理以企业集团整体为对象，通过对税收风险进行总体判断和征管资源系统调配，周期性组织开展全方位、系统性的风险排查和风险应对工作。全流程税收风险管理模式征管资源投入较大，周期较长，但管理的覆盖面更广、工作更有深度，包括前期准备、企业自查、评估分析、案头审计、现场审计、反馈提高六个阶段。

为探索适合大企业特点的税收风险管理流程和方法，国家税务总局通过全流程税收风险管理工作，取得了明显的成效：一是明晰了很多企业长期困扰的税收政策，明确了政策确定性，帮助企业排除了涉税风险。二是促进企业建立健全了税务风险内控体系，提高了企业税法遵从度。三是针对全流程税收风险管理中发现的涉税风险点，按行业、按税种编写了行业税收风险特征库，便于经验积累与复制。四是通过总结、梳理税收风险管理方法，编制行业税收管理工作指南，规范行业税收服务和管理，为开展行业税收管理提供了制度化、流程化保障。

（3）创新管理内容，开展分事项税收风险管理。

2014年针对中国中化等三户企业集团的股权转让、跨境投资、关联交易等重大事项，组织开展了分事项税收风险管理工作。加强总局定点联系企业重大事项税收风险防范，探索建立全面和重点相结合的工作方式。国家税务总局工作团队和各地工作团队分别对集团整体及重点成员企业三个事项的税收风险问题进行了综合评估和分析排查，对分析排查出的风险问题逐一进行了核实确认和处理应对。同时，各地根据总局下发的分事项风险管理指引，对本地的部分大企业三个事项的税收风险也进行了分析排查和处理应对，取得了积极成效。在整体上，针对三个事项制定具体工作指引，明确细化风险分析应对的重点方向、环节、步骤和方式方法，为各级税务机关有重点、有针对性地开展分事项风险管理工作提供了精确制导。在具体实施上，采取"总局整体风险评价——省局重点风险核查——总局风险结果复核——省局逐一风险应对"的上下联动、环环相扣的分事项工作流程。

分事项税收风险管理的具体步骤是：首先，集中系统骨干从企业集团整体角度进行综合分析评估，系统了解掌握各集团三个事项的分布、结构和税收风险状况，以及需要进一步重点评估的风险问题、疑点；其次，由各地对综合评估出的风险问题和疑点逐一进行重点分析、核实；最后，对各地重点分析、核实情况和结果进行系统梳理、评价，按不同风险类型逐一制定、实施针对性的应对措施。这种抽丝剥茧、层层深入的方式，使整个分事项风险管理各环节的工作任务和重点更加规范清晰、有的放矢，也保证了各事项税收风险问题的识别、核实和应对得到有效落实。

3. 创新风险管理业务模式

（1）实践一体化运作机制。建立总局、省局两级统筹的工作机制，充分发挥总局"司令部"和成员企业属地主管税务机关"排头兵"的联动作用，提高复杂事项管理层级，规范税收执法尺度。税务机关各部门加强联动、通力合作，提高执法效率和管理能力。国税、地税联合开展管理工作，共同制定方案、联合开展评估、审计工作，既减轻企业负担，又实现税务系统涉税资源共享、工作协调一致，形成管理合力。

（2）形成五个集中管理方式。在实施税收风险管理过程中，通过集中系统业务骨干组建专业化团队，以团队应对企业集团，解决"单兵对团队"问题；集中抽取总公司及成员企业财务数据，以大数据突破管理瓶颈，解决"信息不对称"问题；集中全国经验建立行业税收风险特征库，确立风险导向的工作方式，解决对大企业管理"能力不对等"问题；集中开展税务审计，以集团整体为管理对象，解决单纯属地管理"看得见的管不着，管得着的看不见"问题；集中在总局省局层面统筹，适当提升复杂事项管理层级，解决管理缺位问题。

4. 探索风险管理技术方法

（1）推进风险导向税务审计业务创新。近年来，国家税务总局大企业税收管理司充分吸收借鉴国内外大企业税务审计的先进理念与技术方法，在全流程风险管理与分事项风险管理工作的基础上，积极尝试建立大企业税务审计理论与方法体系。

风险导向税务审计是指税务机关运用现代审计技术和方法，结合企业生产经营、税务管理及其他相关信息，对税收风险较高的企业集团、企业集团内部高风险成员单位、企业生产经营高风险领域和高风险环节，进行全面、系统的分析、审核和评价，是大企业风险应对的主要手段和全流程风险管理的关键环节。

在多年的大企业风险管理实践中，各地大企业税收管理部门不断探索创新，设计了"审计计划——审计实施（内控测试/实质性程序）——审计审理——审计执行——后续管理"这一工作流程，研发了风险调查问卷、内控测试模板，开发了税务审计抽样工具及税务审计软件，编写了税务审计工作规程（初稿）和文书底稿，逐步形成风险导向税务审计理论体系和技术方法。

（2）创新网络同步税务审计方法。依托大企业税收服务与管理信息系统，通过网络虚拟空间实现工作任务推送、结果反馈、信息共享和跟踪问效，探索开展"1＋X"管理方式下的网络同步税务审计。这种管理方式创新的突出特点：

一是"一个大后台，多个小前端"。国家税务总局税务审计团队"一个大后台"，承担主审工作；各省针对审计对象逐户明确辅审人员，组成省级审计团队"多个小前端"，承担辅审工作。每位主审与各地若干名辅审直接进行工作联系，实现任务推送和涉税疑点清除。

二是"一个超级用户总览全程，多个地区信息尽收眼底"。在审计软件中嵌入跟踪监控模块，审计组可以对整个案头审计工作实行痕迹管理、实时监控，国家税务总局可通过"超级用户"监管整个审计工作过程和结果。通过"1＋X"的工作方式，有效地减少人员的集中次数，避免了重复劳动，实现了风险事项共享、审计结果共享，既达到了"精确制导"的目的，又提升了审计质效。同时，由于是在虚拟环境下的扁平化审计方式，打通了机构层级，为解决现行体制下长期存在的层级过多、信息衰减问题，找到了一条可行途径。

（3）创新信息支持技术方式。依托税收风险管理软件操作系统，实现大企业税收风险管理各业务环节的技术提升。一是按企业特点分类抽取数据，分别了解相关企业集团的组织架构、核算体系、财务软件和数据库结构，设计不同的数据抽取方案。二是按工作环节采用信息化技术，采用税收风险自查软件，加强自查结果的统计分析。三是运用审计软件的流向分析、红字分析、科目余额分析等功能加强单户企业审计功能。

5. 提升大企业管理层级

转变大企业税收管理方式是大企业税收服务与管理改革的重中之重。国家税务总局立足现行税务组织体系基本框架，提升大企业复杂事项的管理层级，突出总局专业化、集团化管理优势，开展大企业税收风险分析，发挥以点带面作用，实现"精确制导"，通过科学设定分类分级管理规则，合理调整职责，重组工作流程，组织分类分级应对，在全国税务系统运行横向互动、纵向联动、全程可控的一体化大企业税收风险管理机制。

（1）开展总局省局两级税收风险统筹分析。国家税务总局制定大企业税收风险管理战略规划和年度计划，组建大企业税收风险分析专业团队，联合省局大企业税收管理部门，跨区域统筹开展大企业税收风险分析。设立大企业税收风险分析专家委员会，提出确定、统一的政策执行意见，形成税收风险分析报告。

（2）实施风险任务统一推送差别化应对。国家税务总局税收风险管理领导小组办公室统一推送大企业税收风险应对任务。省局风控办根据风险应对任务清单，按照风险等级推送给相应税务机关风险应对主体，开展差别化风险应对。地（市）局按照要求开展风险应对，接受省局大企业税收管理部门的专业指导。

（3）加强风险应对过程管控。国家税务总局大企业税收管理司负责指导大企业税收风险应对、分析评价风险应对结果以及统筹协调跨省风险应对事项。省局大企业税收管理部门负责对风险应对结果进行加工整理，形成个案和综合分析报告，并提出风险分析和应对建议。

（4）深化风险应对结果应用。根据反馈结果，及时优化风险分析工具，更新税收风险特征库和大企业基础信息库。针对税收管理中的薄弱环节，加强大企业日常税源监控和税收征管。根据税收风险管理中发现的税收法律和政策问题，提出完善税收立法、调整税收政策的意见建议。根据税收风险分析和应对结果，提出后期开展税收风险管理的工作建议。针对了解掌握的大企业税收风险状况，向大企业提出税收风险防控建议，指导大企业完善税收风险内控机制。

为实现上述改革任务，国家税务总局对大企业税收管理司内部机构和职能进行了调整，各业务处室分别承接"数据采集—风险分析—推送应对—反馈考核"等风险分析应对四个核心环节的相应工作。同时，对北京市国税局第五直属税务分局的管理体制、机构职责进行改革，与大企业税收管理司在总局层面共同承担大企业税收风险分析的职责任务。

5.2.2 存在问题

多年来，大企业税收风险管理在健全制度、完善业务体系、创新业务模式、研发技术方法等方面取得了很大的进展，但仍然存在以下一些问题：

（1）尚未形成系统共识。经过多年的实践探索，风险导向的管理理念已经深入人心，被系统上下所认可、接受，特别是随着总局千户集团风险管理工作的深入推进，信息采集、风险分析、推送应对、考核反馈的闭环管理已经形成成熟的大企业风险管理业务体系。但诸如平衡治理、合作遵从等先进理念尚未形成系统共识，重管理轻服务、税企零和博弈的认识依然普遍存在。这与大企业内部控制相对严密、管理比较规范、税法遵从意愿较高的特征相背离，与新形势下建立互信合作的和谐税企关系的总体要求不相适应。

（2）任务导向影响犹在。当前，大企业税收管理一定程度上受到任务导向的影响，特别是在收入形势相对严峻的期间，部分税务机关为了完成收入任务，过多地依赖对大企业的强化管理，通过各类风险分析、风险应对，加强组织收入。这与风险导向的管理思路，与税企互信合作共赢的理念，与促进大企业主动遵从的管理目标不相适应。

（3）体制机制不顺畅。现有管理体制机制下，分类分级管理模式与传统分税种管理模式并存，专业化管理与税种管理职责"条块"交叉，导致大企业税收风险管理存在多部门多头管理，制约了管理效率的提升。

（4）实践还不到位。大企业税收管理理念与传统征管模式存在冲突。大企业税收管理以税收风险管理为导向，强调税企合作、团队作业、专业化管理，注重个性化服务和柔性执法，税企共同应对税收风险。虽然大企业税收管理部门已经开始了风险管理和分类管理的探索，但由于整个征管改革程序尚未完全展开，因此风险管理、分类管理和遵从管理的实践尚未应用到整个征管程序当中，没有研究不同纳税人的遵从行为特点，并制定相应的管理措施，这在客观上造成大企业税收管理或多或少受到制约，难以顺畅地开展大企业风险管理和遵从管理工作。

（5）制度设计还不完善。在顶层设计方面，税收风险管理战略规划或遵从管理战略规划缺位。大企业税收风险管理流程的关键环节的制度支撑不足，如税务审计缺乏明确的法律定位。分行业的税收风险管理指南和操作规范还不完善。

（6）技术手段不够先进。风险分析工具和操作软件技术支持不足。应借鉴国际上风险扫描的做法，如ATO的风险过滤器，研发适合中国国情的风险分析工具。操作方便、功能强大软件工具是税收风险管理工作的重要支撑，税收风险管理软件仍需升级完善。

（7）专业人才比较短缺。缺少一支适应大企业专业化管理要求的高素质干部队伍。大企业内部组织架构和经营行为复杂，往往跨行业跨区域甚至跨国经营，税源的流动性和隐蔽性强，涉税事项复杂，税收管理难度大，需要素质较高的专业管理团队来应对。当前的大企业税收管理人员，无论是总体数量还是综合素质均有不足，主要问题在于专业人才培养、绩效评估和激励机制难以满足大企业管理和服务要求，导致税务机关在与大企业之间的税收博弈中处于相对劣势。

5.2.3 推进大企业风险管理的建议

在推行以风险管理为导向的大企业税收管理工作中，应统筹考虑好以下问题：

第一，树立现代税收管理理念。坚持风险导向的管理理念，宣传推广平衡治理与合作遵从理念，把大企业服务和管理放在同等重要的位置，在风险管理的全过程中同步实施个性化服务，甚至寓管理于服务之中，通过引导企业完善税收风险内控体系，提高防控税收风险的能力，促进大企业主动遵从。

第二，完善大企业税收管理机制。建立健全税务机关各部门横向互动、各层级上下联动、国地税合作机制。建议国家税务总局由大企业税收管理司牵头，在大企业（千户集团）风险分析、风险应对、经济分析、纳税服务等方面建立大企业税收服务与管理统筹协调机制、复杂涉税事项联席会议机制，做到相关事项归口管理、统筹管理。

第三，推进大企业税收管理业务体系建设。一是积极向有关部门提建议，推动税务审计立法实现，借鉴国外审计技术和管理规范，在我国探索大企业税务审计实践的基础上，制定大企业税务审计工作规程。二是研发大企业ERP税务审计技术，借鉴国内外经验，推行电算化税务审计。三是依托大企业税收管理平台，研发大企业税收管理知识库系统与应用工具，积累复制系统经验和研究成果，推动大企业税收业务体系建设。

第四，加快推进大企业管理信息化建设。一是推进大企业管理数据仓库建设，结合近远期需求，立足长远，制定长期建设规划，以适应千户集团大数据分析需要。二是加快完善大企业税收管理平台建设，特别是风险分析、经济分析两大应用系统，逐步拓宽数据来源，优化升级指标模型。三是参照财政部提出的XBRL标准，制定大企业数据采集标准，加快完善企业财务账套采集工具，提高千户集团财务账套采集工作的质量和效率，组织研发企业财务账套分析工具，并将分析结果自动与风险分析系统对接，提高风险分析的精准度。四是统筹指导各省大企业管理信息化建设工作，形成总局大平台、各省小平台的功能互补、系统集成。

第五，拓宽第三方信息获取渠道。在税收风险管理中，第三方信息的重要性已经得到了国内外专家的共识。可以说，第三方信息是税务人员进行税务风险评估、识别和应对时使用的"第二只眼睛"，如果没有这些信息，税收风险管理的质量和效率都将大大降低。因此，在外部人力资源和信息资源的利用上，当前税务机关还有很多功课要做。

第六，推进大企业管理人才梯队建设。为了更好地应对大企业税收管理和服务带来的挑战，建议国家税务总局更多地关注大企业税收服务和管理人才的整体发展，推进大企业税收专业化管理人才梯队建设。一是着力提升大企业税收管理人员全方位的素质能力，不断提高大企业人员培训的广度和深度。二是全力打造专业化的大企业税收管理团队，按行业建立跨区域、跨层级、专业化的管理团队。三是依托知识库管理系统，实现对大企业税收管理知识、经验和技能的共建共享。

延伸阅读

千户集团税收风险管理工作介绍

通过多年的探索实践，我国大企业税收风险管理积累了丰富的实践经验，形成了一套行之有效的具有中国特色的大企业管理模式，即围绕"关键少数"——千户集团，以风险管理为导向，以数据分析为驱动，以分类分级管理为主要内容。这可以简要概括为"一个分析平台，两级统筹管理，三套工作机制，四级分类应对，全程监督考核"。

——集成一个分析平台，即依托"金税三期"决策支持系统，集成千户集团税收风险分析平台，为数据采集、风险分析、推送应对、反馈考核等工作提供"一体化"的信息技术支撑。

——建立两级统筹管理，即建立总局和省局两级统筹下的风险分析集中开展、风险任务扎口推送、应对结果反馈提高和应对过程监督考核的制度安排。

——健全三套工作机制，即健全总局和省局两级统筹开展风险分析的横向互动机制、全国税务系统分级开展风险分析应对的纵向联动机制、风险分析应对全程注重廉政执法风险防范的内控机制。

——实行四级分类应对,即按照风险等级和税源量级设定分类应对规则,划分总局、省局、市局及县(区)局相应的应对任务,并实现应对反馈信息的归集、共享与利用。

——实施全程监督考核,即实施千户集团税收风险分析应对工作的事前嵌入内控机制,事中接受过程监控,事后进行绩效考核,全程防控廉政执法风险。

(一) 风险分析工作机制

风险分析由总局专题办统筹组织,相关部门参与,大企业税收管理司负责牵头具体实施。采取总局、省局两级联动分析机制,总局、省局各有侧重,总局层面侧重"大网眼",主要关注重大的、集团性的、跨区域的、行业性的税收风险,进行整体分析;省局重点关注总部在本地的千户集团成员单位的具体税收风险,开展个性化分析,提高风险指向精准度。

1. 总局

总局专题办依托"金税三期"决策支持系统,归集、整理千户集团风险分析所需数据;研发与加载风险识别指标及模型,通过大企业税收风险过滤器开展计算机自动扫描和等级排序,得出初步分析结果;专业复评团队采取深度分析企业电子财务数据等方式开展人工专业复评,形成《××年度千户集团税收风险识别报告》,提交专题办;专题办组建专家委员会对风险识别报告进行评议与审定,综合各业务部门提交的风险分析成果,形成《××年度千户集团税收风险应对工作建议》(包括推送任务清单、相关数据包、应对方式等内容),由风险办统一发布与推送;纪检监察、督察内审和绩效考核等部门依据职责分工,对分析及应对工作全过程进行监督、督察与考核。

2. 省局

在总局风险分析人工专业复评阶段,省局大企业管理部门根据总局要求牵头组成分析团队参与联动分析,了解集团总部及本地成员单位主要情况,掌握企业主要风险;省局大企业管理部门也可以根据本省的年度风险管理计划,对总部在本省的千户集团企业开展风险分析应对工作。

省局风险办接收总局推送的风险应对任务后,推送专业分析机构开展分析;专业分析机构依托总局"金税三期"决策支持系统提供的企业集团数据,结合省局"金税三期"决策支持系统的数据资源,以企业集团或成员单位为对象,比照总局人工专业复评的方式开展个性化分析，补充新的风险点，形成《××年度千户集团××省成员单位税收风险识别报告》；专业分析机构组建专家委员会对风险识别报告进行评议与审定，综合各业务部门提交的风险分析成果，形成《××年度千户集团××省成员单位税收风险应对工作建议》，由省局风险办统一发布与推送；纪检监察、督查内审和绩效考核等部门依据职责分工，对分析及应对工作全过程进行监督、督察与考核。

（二）风险应对工作机制

1. 工作职责

千户集团税收风险应对工作，总局、省局、市局、县（区）局根据风险等级和税源量级两个维度组织开展分类应对。

总局风险办负责统筹组织风险应对工作，扎口管理风险应对任务，统一发布与推送；负责协调解决风险应对中的重大问题；负责收集应对结果并反馈给专题办。总局专题办负责督办与考核风险应对过程；负责分析、评价与总结风险应对结果；负责根据反馈的风险应对情况改进风险分析方法、优化指标模型、完善人工专业复评并提出提高风险分析精准度的工作意见与建议。

各业务司局负责指导相关业务的风险应对工作，及时明确重大税收政策的执行口径，根据各地反馈情况，提出风险指标、模型改进意见和建议；稽查局负责组织、协调与指导全国范围千户集团的税务稽查工作；大企业税收管理司负责组织、协调与指导全国范围千户集团的税务审计工作，统筹组织与全国性集团总部的沟通，协调处理跨省、跨国地税的重大风险事项，响应集团企业诉求提供个性化服务；纳税服务司负责组织、协调与指导低风险千户集团企业的风险提醒工作；纪检监察、督查内审和绩效考核等部门依据职责分工，对千户集团税收风险分析应对工作进行监督、督察与考核。

省局风险办比照总局风险办的工作方式，根据专业分析机构审定的任务推送清单，发布并推送风险应对任务；负责协调解决风险应对中的重大问题；负责收集应对结果并反馈给专题办。

省局专业分析机构负责督办与考核风险应对过程；负责分析、评价与总结风险应对结果；负责根据反馈的风险应对情况完善人工专业复评并提出提高风险分析精准度的工作意见与建议。

各业务部门负责指导相关业务的风险应对工作，及时明确重大税收政策的执行口径，提出风险指标、模型改进意见和建议；稽查局负责组织、指导与协调全省范围千户集团的税务稽查工作；大企业税收管理部门负责与本省集团总部沟通协调，统筹组织税务审计工作，接受总局委托协调处理跨省、跨国地税的重大风险事项，响应集团企业诉求提供个性化服务；纳税服务部门负责组织、指导与协调全省范围内低风险集团企业的风险提醒工作。纪检监察、督查内审和绩效考核等部门依据职责分工，对千户集团税收风险分析应对工作进行监控、督察与考核。

市局根据上级安排，负责组织实施千户集团在本地成员单位的风险应对工作；负责对全市应对结果进行分析、评价与总结上报，并提出风险指标、模型和人工专业复评的改进意见和建议。

县（区）局根据上级安排，实施风险应对工作，督促企业整改落实。

2. 工作流程

按照千户集团税收风险"四级分类应对"思路，风险应对任务由总局风险办首先发布并推送到省局风险办；省局风险办组织对在本地的企业集团或成员单位进行分析，并与本地风险应对任务进行归并后，向省局相关处室（局）或市局发布与推送省局风险应对任务；市局、县（区）局按照上级任务安排，做好应对工作。各级税务机关在规定的时限内，将风险应对结果统一在平台上反馈；总局和省局的专业分析机构分别对全国、全省风险应对过程进行督办与考核，对风险应对结果进行综合分析，据以改进分析方法，优化指标模型，并提出完善税收政策和加强税收征管的意见与建议。

TAX OF LARGE BUSINESS
TEN YEARS OF RESEARCH ON
Basic Challenging Problems

第6章　服务产品

当今全球治理主张"良法善治",实现税收治理体系和治理能力现代化,一个重要的内容就是树立平衡治理与合作遵从的管理理念。在建立法治型、服务型政府的新形势下,税务机关更加注重服务与管理并重,以优质高效的纳税服务引导企业主动遵从,以公正严明的执法促进遵从。

现代化的纳税服务理念围绕提高纳税人满意度和税法遵从度的目标,以大企业需求为导向,提供税法适用确定性和税法执行统一性需求的产品和服务方式,建立健全税企互信合作、快速响应、权益保障的服务平台和机制。大企业具有税法遵从意愿强、内部管理架构复杂、跨区域跨行业经营、信息化管理水平高等特点,其涉税问题也相对复杂,决定了它迫切需要大企业税收管理部门提供与其发展相适应的全方位、多层次的,特别是政策确定性和执法统一性等方面的纳税服务的需求,帮助其尽量避免涉税经营活动中出现的税收风险。

6.1 国外典型大企业服务产品应用情况

6.1.1 国外大企业服务通行做法

(1)促进大企业自觉遵从税法。大企业都有科学严密的内部控制制度,依托大企业自身的内控体系防控税收风险是值得借鉴的国际经验。税务机关通过个性化服务与税收风险管理双管齐下,引导促进大企业持续改进风险管理,有效管控税收风险,税企双方在依法治税的大道上相向而行,乃至携手并进。

(2)重视为大企业提供个性化纳税服务。很多国家成立大企业税收管理部门后,都强调要为大企业提供更好的服务,具体表现在:

一是基于将企业作为客户的管理理念成立大企业税收管理部门,可以针对大企业的遵从行为和风险特征,提供个性化的服务,满足纳税人的差别需求,提高服务的质量和效率。

二是通常配备高素质的专业人才,可以更好地应对复杂税收问题,为纳税人提供高质量的服务。

三是搭建税企双方沟通的平台,有利于构建公开透明、互信合作的征纳关系。

四是建立良好的税企合作关系。税企双方加强沟通，在互通信息的基础上，建立互动协作关系。许多国家鼓励纳税人主动进行信息披露，如澳大利亚税务局面向大企业发行《大企业积极遵从手册》等刊物，那些主动披露信息、友好合作的纳税人可以得到税务机关有建设性意义的指导，检查或审计极少；而一旦纳税人拒绝披露信息，拒绝开诚布公地与税务机关合作，将招致不间断的检查或审计，并为少缴的税款付出高昂的代价。

五是建立非诉讼税务争端解决机制。许多国家建立了健全的税务争端解决机制，并拥有较为完善的法律法规体系作为支撑。例如，澳大利亚税务争端解决机制包括调解、早期中立评估、庭外会议、仲裁等；美国国内税务局在处理税务争端问题上的基本原则与澳大利亚相同，即尽可能减少税务局和纳税人的诉讼成本，不断完善争端解决的法规体系以保障争端处理的程序合法。此外，美国国内税务局在处理税务争端时引入退休法官、行业律师、专业会计师等中立第三方参与案件的审议和调解；阿根廷联邦税务局成立了为纳税人辩护中心，直接负责处理纳税大户的建议书和抗议书。

6.1.2 典型国家的做法

澳大利亚的ATO非常注重为大企业提供个性化纳税服务，以精细的服务细分向大企业提供了多种多样的服务产品。其中，一般服务性服务产品有大企业电话服务、大企业公告、大企业提醒服务、门户网站通道、遵从团队保障；个性化服务产品有各类税收裁定、年度遵从安排（ACA）、客户关系经理（SAO）、预申报遵从审查（PCR）。这些服务的宗旨都是为遵从提供便利，降低法律风险，进而促进遵从。

美国的IRS高度重视大企业纳税服务工作，通过与纳税人良性互动，不断改善税企关系，真正做到了把服务融入税收管理全过程。在纳税申报前，本着平等自愿、公开透明的原则，妥善把企业涉税问题解决在萌芽状态，把风险降到最低限度。在纳税申报之后，一旦发现涉税问题，也通过建立快速解决机制及时加以解决，以避免征纳双方都不希望的费时费力的诉讼解决方式。IRS的纳税服务产品，不论是通用产品，还是只适用于大企业的个性化产品，其开发和应用都是为了解决某一个方面的问题［如申报前协议（PFA）］，或者解决行业政策问题（如 IIR[1]），或者应对整个遵从问题（如 CAP[2]），这些服务手段均具有较强的针对性和实用性。

IRS 大中型企业税收管理局推行纳税遵从保证程序的目标，就是通过减轻纳税人负担和减少纳税人对税法理解的不确定性，以及税务机关在申报前对纳税申报表的准确性予以确认，来减少或排除申报后实施税务审计的必要。

在纳税遵从保证程序的开始阶段，纳税人会与税务机关签署一份谅解备忘录，对双方的责任和义务（包括相互沟通和披露）做出简要叙述，并对后续程序加以说明。双方可以对纳税遵从保证程序的审核范围进行讨论，但是纳税遵从审核事项将由税务机关最终确认决定。谅解备忘录签署之后，在 1 个年度内，税务机关将和纳税人共同确认并尽量解决与当年纳税申报有关的潜在税务风险问题。在这个过程中，税务机关会为纳税人指定一名客户主任负责纳税遵从保证程序的实施，并利用纳税人提供的数据和第三方信息进行税务风险分析，以了解纳税人近期的经营活动和交易，并对纳税人的经营环境进行更深入的了解。

在年度纳税遵从保证程序的实施过程中，客户主任将根据谅解备忘录中规定的"重要性标准"，对纳税人的重大交易事项进行审核。在税收问题得到解决之后，客户主任会将解决方案和相应的税务处理形成问题解决协议。如果客户主任和纳税人无法就解决方案达成一致，双方还可以启动税务机关现有的问题解决程序（如申诉快速通道）。在纳税年度终了后，税务机关会根据达成的问题解决协议，将已解决的问题列入结案协议。

在纳税遵从程序结束的时候，客户主任将对实施过程中针对不同审核事项达成的协议进行评审，如果纳税人完全遵守谅解备忘录中的规定，所有确认的税收问题已经通过结案协议得到解决，客户主任已经对提交的纳税申报表的准确性进行了核实，则在纳税申报与结案协议一致，以及无须进行申报后检查的情况下，税务机关将以书面形式确认接受企业的纳税申报，这种书面确认被称为"完全认可函"。

---

[1] IIR：Industry Issue Resolution，行业税收政策问题解决程序，通过发布指南，解决经常发生的、对大量特定行业纳税人造成影响的复杂而有争议的税务问题。

[2] CAP：Compliance Assurance Program，合规性保证程序，是 IRS 向税法遵从度高的企业提供的额外的服务，目的是使其更快地获得对所报告事项的确定性。

如果纳税人完全遵守谅解备忘录中的规定，但双方在申报前无法通过结案协议解决所有确认的税收问题，则在纳税申报与结案协议一致，以及无须对已解决税收问题进行申报后检查的情况下，税务机关将以书面形式确认接受纳税申报中已解决税收问题的部分，这种书面确认被称为"部分认可函"。

在企业进行纳税申报后，客户主任将对申报表进行审核，以核实纳税人对所有通过结案协议解决的事项的报告是否符合双方约定，同时确保年度内所有对企业联邦所得税纳税义务构成实质性影响的事项都已得到确认。如果申报后的审核显示所有实质性的事项都得到了确认和解决，税务机关将出具无变更确认函，并根据国内收入法典关于限制重复检查的规定，结束对纳税人账簿进行的检查。如果审核显示企业的纳税申报中的有关事项与结案协议不符，或者申报的税收事项未在年度纳税遵从保证程序的实施过程中得到充分披露，税务机关将专门针对新确认的和未解决的税收事项进行检查。

6.1.3 国外大企业服务产品

从国际经验看，税收管理先进国家越来越重视为大企业提供税收政策的确定性，创造了丰富的大企业遵从服务产品，如申报前协议、预约定价安排、税收遵从合作协议、税收事先裁定等。以税收事先裁定为例，2011年的统计显示，在OECD调查的49个国家中，有47个国家设有事先裁定制度；34个成员国中有33个设有事先裁定制度。发达国家提供了丰富多样的、个性化的大企业纳税服务产品。下面以比较典型的大企业服务产品为例具体说明。

1. 税收事先裁定

根据OECD报告统计，被调查的国家中，有90%以上的国家都为大企业提供事先裁定（advanced ruling）的服务。事先裁定主要分为两类：

（1）公共裁定。公共裁定是指税务部门对其实施的税法进行解释和解读，并向公众发布相关指引。裁定不属于法律范畴，但对税务部门的行为具有约束力，类似于我国的税法解释性说明和规范性文件。澳大利亚税务局每年都会启动公共裁定项目，选定最关注的问题点，列入公共裁定计划。公共裁定小组会从不同的来源采集信息并做出决策，并向公众发布裁定结果。

（2）具有约束力的私人裁定。私人裁定是税务部门响应大企业的申请而做出的,确定税法在具体情况下如何适用单个纳税人的具有约束力的建议。前提条件是,这个纳税人必须高度透明地向税务局披露企业相关信息,裁定之后能按照其披露的信息和承诺的内容开展经营活动。个别裁定的效力和公共裁定一致,对税务局具有约束力。

2. 申报前协议

这是一种申报前解决税务争议的方法,适用于税企双方对涉税事实有争议但法律规定很明确的情况。申报前协议(PFA)对税企双方均有法律约束力。通过签订该类协议,企业增加了纳税申报的准确性和确定性,避免了事后的检查和处罚;税务机关由于提前介入有争议的税收事项,既促进了纳税人的合规申报,又节约了事后检查所带来的成本支出。

3. 预约定价安排

预约定价安排(APA)是具有约束力的税收安排,是事先确定一套适当标准(如方法、可比情况、对未来事件的重大假设等),用于确定一段固定时期内交易的转移定价。一份预约定价安排一般适用3~5年,或者更长时间。预约定价安排可以由双方分别发起,如果由纳税人发起,一般最后达成的预约定价安排会更有利于纳税人。我国目前对少数外资企业开展了这项工作。

4. 年度遵从安排

税收遵从协议,以"平等自愿、互信合作"为原则,以税收风险为导向,以实现税企共同防控税务风险,提高大企业税法遵从度为目的,以合同文本的形式将企业税收遵从的意愿、相关的义务和责任,以及税务机关以纳税服务为核心的遵从引导措施固定下来,引导和约束税企双方共同信守承诺、共同防范税务风险,并通过协议的执行保障国家税收、维护企业合法权益、提高税法遵从度、降低税收成本,最终达成税企共赢的核心目标。

年度遵从安排(ACA)是明确并管理税收遵从关系的行政性安排,它是一种自愿性的遵从协议,通过实时讨论并解决税收风险,可以给纳税人提供税收政策的确定性。在协议有效期内,如果纳税人遵守承诺,按规定披露信息,税务局可以向纳税人保证不对他进行审计。

6.1.4　国外大企业服务经验借鉴

美国、英国、澳大利亚等税收制度相对完善的国家在大企业纳税服务方面进行了长期探索，积累了丰富的经验，开发和应用了一系列个性化服务产品。无论是其个性化服务理念，还是其具体实践，都对我国大企业纳税服务工作具有较高的借鉴价值。

1. 纳税服务理念化

大企业合作性遵从是多个国家进行大企业遵从管理的核心理念，始终与风险管理紧密联系，注重申报前的风险防范，其目的是在税务部门和大企业间建立良好的合作关系，从而支持企业的税法遵从意愿，防患于未然。各国都在法律层面对纳税服务理念予以明确。澳大利亚联邦税务局的大企业服务理念，是基于金字塔遵从模型和大企业风险差别框架（RDF）提出的，从1997年开始实施的《纳税人宪章——阁下须知》，就是为纳税人提供指导和服务的法律文本。近年来制订了年度税收遵从管理计划等重要文件，集中表述了大企业遵从管理理念。美国国内税务局战略规划中最重要的目标就是通过改善纳税服务，使纳税人更好地自我遵从税法。加拿大税务局在2004年推出的"未来发展计划"中，表示将着力打造"以客户为中心的行政理念和文化"，并通过官方网站发布了《纳税人权利保护法案指引》，帮助纳税人了解自身权利。新加坡国内收入局制订了遵从战略框架，以此指导大企业的税务遵从管理。通过框架，税务机关可以最大化地引导大企业的自愿遵从性，同时有效减轻大企业的遵从成本，确保新加坡保持公平和持续的税收管理体系，纳税人公平地贡献税收。这种税企合作的促进遵从的方法也符合新加坡国家发展和包容性增长的愿景要求。荷兰大企业局的"平衡治理"理论的整体目标是有效、有力地征收应征税款，方法是通过维持并提高纳税人的自愿遵从，并对那些不自愿遵从的纳税人实施压制。

我国目前大部分税务部门和税务人员对大企业纳税服务理念未形成统一认识，将大企业纳税服务理念等同于普通纳税服务，不能从根本上树立引导企业自我遵从、根据企业涉税需求量身订制服务产品、防患于未然的服务理念。服务理念的固化，一方面要加强服务理论研究，并在法律制度层面予以确立，形成税企合作、共同发展的宗旨，另一方面要将相关理论进一步细化，使其具备较强的可操作性。

2. 信息披露主动化

良好的合作遵从关系需要税企双方都提高信息透明度，透明度越高，关系越轻松和谐。澳大利亚、英国、美国为促使企业提高税法遵从度，鼓励纳税人主动进行信息披露，采取了多种多样的方法。如澳大利亚联邦税务局面向大企业发行了《大企业公告》《大企业积极遵从手册》等刊物，通过基于双方互信互惠的年度遵从安排、共同解决问题的保障专题研讨会、为纳税人进行体检的申报前遵从检查等，帮助大企业识别和发现涉税风险，增加税务机关信息透明度。此外，主动披露信息、友好合作的纳税人可以切实感受到遵从的好处，如得到税务机关有建设性意义的指导，检查或审计极少；而一旦纳税人拒绝披露信息，拒绝开诚布公地与税务机关合作，将招致不间断的检查或审计，并为少缴的税款付出高昂的代价。

在信息披露方面，我国也做了很多有益的尝试，鼓励企业主动进行信息披露，如签订年度遵从协议、提交自查报告等，但在具体实施时没有对不同遵从度的纳税人进行区分，即使是遵从度较高、主动披露信息的纳税人也可能由于税源较大而重复接受评估、检查、审计，但未披露信息的纳税人却可能因为未引起税务机关足够的关注而逃避了一些税收责任。我国应加强税企双方的信息披露，借鉴外国发布年度遵从计划、行业战略、遵从手册等方式，主动披露并促进纳税人自行披露相关涉税信息，增强税企互信，营造透明确定的税收环境。

3. 服务产品多样化

提供有针对性的大企业纳税服务产品是优化资源配置效率，提高个性化服务效果的根本措施。美国、澳大利亚等国均针对不同风险等级的纳税人采取了不同的服务手段。美国的大企业在享受税务部门提供的普遍纳税服务的同时还可以得到诸如个别信函裁定行业问题解决程序、预约定价安排、申报前协议、合规性保证程序、快速解决机制等个性化纳税服务。企业根据自身需要选择纳税服务产品，解决纳税问题，排除涉税风险和危机。澳大利亚联邦税务局根据企业遵从程度的不同，提供一系列丰富的、具有不同针对性的服务产品，如预先遵从协议、预先裁决、预约定价协议、填报纳税单前协议或预先协议、对于跨境交易的同期文件要求、遵从保证项目等，力求在填报纳税单之前解决税收问题，确保税务当局对不同遵从度的大企业都具有影响力，并且这些影响力都能有效督促企业提高其税法遵从度。

我国近年来在创新大企业服务产品方面做了很多积极努力，通过电视、网络、纸质媒体不断加大税法宣传力度，对新出台的税收政策同步开展解读，便于纳税人理解。但我国尚未建立有效的遵从等级评价机制，因此缺乏为不同遵从程度纳税人提供针对性服务的能力。我们可逐步探索建立遵从等级评价机制，尝试在先行推出大企业涉税事项事先裁定、申报前审查等产品的基础上，不断丰富和完善不同层次的服务产品，进一步提高大企业个性化服务的针对性和有效性。

4. 争端解决制度化

非诉讼税务争端解决机制是大企业纳税服务不可或缺的内容之一。美国、澳大利亚、英国等国家都建立了健全的税务争端解决机制，并拥有较为完善的法律法规体系作为支撑。例如，澳大利亚的税务争端解决机制包括调解、早期中立评估、庭外会议、仲裁等；美国国内税务局在处理税务争端问题上的基本原则与澳大利亚相同，即尽可能减少税务局和纳税人的诉讼成本，不断完善争端解决的法规体系以保障争端处理的程序合法。此外，美国国内税务局在处理税务争端时习惯于在快速追踪解决、申请上诉与税务审计同步、调解、仲裁等程序中引入退休法官、行业律师、专业会计师等中立第三方参与案件的审议和调解。此外，因大企业拥有较为完善的内部控制体系，在税务机关对大企业开展风险评估之前，大企业往往已经借助自身的内审、风险管理部门或聘请外部审计力量对其存在的重大涉税风险给予了关注，在这种情况下，税务争端就更加容易集中到不合理税务筹划、重大交易隐藏、转移定价安排等需要开展深入核实、磋商方能达成一致的领域。面对交易的复杂性和更大的不确定性，大企业救济渠道必不可少。在这一方面，阿根廷联邦税务局成立了为纳税人辩护中心，直接负责处理纳税大户的建议书和抗议书。

参照国外经验，我国可梳理制定一套适用于税务争端诉讼前调解的法律法规，为税务争端解决机制的建设提供法律保障。在建立完善税务争端解决机制时，有必要考虑将税务律师、注册税务师、注册会计师、行业专家、专业调解人员等独立第三方引入调解程序的可行性；可逐步完善个性化救济机制，赋予大企业纳税人必要的个性化救济权利。例如，规定大企业不仅能够对风险事项本身的处理提出异议，也可以对税务机关自由裁量权事项（如罚款等）提出重新评估请求；大企业有权要求对税务机关做出的风险评估结论，申请由独立第三方进行检查；大企业有权获取税务局怀疑或认定存在某些税务风险的法律依据、职业判断依据和评估方法、模型等，以便于考虑更佳的应对策略。

5. 纳税服务团队化

大企业经营的集团化、跨区域、复杂性决定了税务机关开展纳税服务不能仅凭"单兵作战"，而是要依靠"项目化管理、团队化运作"。在服务型政府理念的倡导下，各国大企业税收管理机构都把协调与大企业之间的关系作为一项重要职能来履行，很多国家都视大企业纳税人为"客户"。西方国家大企业税收管理目标的其中一项内容就是"改善客户服务，向纳税人提供高质量纳税服务"、"使用创新方法改进客户服务"、"积极回应大纳税人全球环境下经营的需求"并且"掌握好服务和执法之间的平衡"。澳大利亚税务局非常重视发挥团队力量，组建了专门的服务团队为大企业提供与所有税收和所有行政问题相关的服务。澳大利亚税务局的专家团队，汇聚了一大批经济学家、行业专家、律师、税务师、计算机工程师等各领域高端人才，覆盖了各个专业领域，为税务工作提供咨询和技术服务。美国国内收入局成立了纳税服务委员会并设置纳税人减负高级顾问职位。英国的大企业税收管理部门为每个客户指定一位客户经理，大多数的客户经理负责不止一户企业，超大型的复杂企业会被指派一名专门的客户经理。在每位客户经理的背后均有相关专家团队支持。荷兰税务局成立大企业账户管理组来联系和监管大企业纳税人。

我国可借鉴各国税收服务团队化的做法，按照纳税人类别设立专门的管理团队，分别为不同类型的纳税人提供更具针对性的专业化服务，加强人才培养，充分注重团队协同作用的发挥，整合经济、税收、会计、数据分析、信息系统等多方面的人才，组成大企业税收服务机构和团队，以团队协作的形式使其发挥各自所长、有效开展工作，以税务机关服务团队的"集合式"应对大企业涉税业务的"集团式"。

6. 服务模式流程化

澳大利亚、美国的大企业纳税服务模式都高度程序化。澳大利亚联邦税务局共设计了18条业务流（pattern），将从税务登记、纳税申报管理等基础税收业务办理，到风险识别、税务审计、税务调查以及与纳税人关系的管理等税收业务全部涵盖其中。美国国内收入局服务中心的许多工作流程均实现了全面自动化，该部门的目标不仅是在账户问题方面提供客户服务，还包括辅导纳税人，从而帮助他们了解并履行纳税义务。这些工作流程简明、规范，既可以有效控制来自税务机关内部的各种管理风险，又能高效率地为纳税人服务。

我国应借鉴国际经验，将大企业纳税服务的目标定位于在提升服务水平的基础上，依托大企业信息化管理平台，实现纳税服务工作流程和模式的全国统一。积极探索建立大企业纳税服务工作团队、年度遵从安排、涉税诉求管理、纳税申报前争议事项协商、申报后救济等制度，形成大企业纳税服务横向协调、纵向联动工作机制，规范、理顺税务系统内部纳税服务工作程序，明确工作内容和工作要求，为大企业提供税法适用的确定性，帮助纳税人建立并完善税收风险内控体系，提高纳税人自我防控税收风险的能力，最终实现自我遵从。

6.2 我国大企业服务产品评析

6.2.1 我国大企业个性化服务实践

鉴于大企业有较强的主动纳税遵从意愿，大企业税收管理部门更加注重通过提供个性化的优质服务，注重税企沟通，及时回应企业诉求，创新服务产品，积极推动企业税务风险内控机制建设，促进纳税人自我遵从能力和水平的提高。

1. 建立税企合作互动机制

（1）建立常态化互访机制。为增进税企互动，增强税企了解，建立常态化税企互访机制。根据工作需要，制定详细的走访工作方案和调研提纲，统一规划走访频率和层次，提高走访工作的针对性和有效性。在走访中认真听取企业意见和建议，了解掌握企业生产经营及重大涉税事项变化情况，接收并及时回应企业提出的问题和诉求。

（2）建立工作小组制度。为搭建税企之间沟通交流、各级税务机关之间互补合作的平台，根据定点联系企业具体情况和相关工作事项，按行业或集团成立工作小组，确定部分企业成员单位主管税务机关及大企业税收管理部门人员参加，并指定工作小组的牵头单位，集中部分税收管理及相关行业的专门人才，研究企业集团整体架构，交流成员企业税收管理方面好的做法和经验，分析企业税收工作中遇到的重点和难点问题，探索科学有效的解决方案。先后建立了银行业、电信业、电力业等多个工作小组，采取税企紧密联系、跨层级跨地区协作参与的扁平化工作形式，在深入了解企业集团情况和目前税收管理与服务状况的基础上，了解企业诉求，切实解决企业问题。

（3）举行税企高层对话。为促使企业高层更加重视税务工作，不定期举行税企高层对话，结合特定时期税收工作重点议题，在高层架构和制度设计层面交流税企双方的观点和经验，研究提出解决企业涉税诉求、有针对性地改进纳税服务效率和质量的方案，确保为定点联系企业提供量体裁衣式的税收服务。2009年、2010年举办两次"雁栖税收论坛"，2011年"税收风险管理征文"颁奖，邀请总局定点联系企业和部分中介机构参加论坛活动，围绕大企业税收专业化管理、大企业税务风险控制、税收征管法中征纳双方的权利和义务等主题开展交流互动，产生了积极影响。

（4）举办行业论坛。进一步加强行业管理，建立税企沟通桥梁，推动税企深度互动。通过举办行业税收论坛，税务机关可以广泛收集行业经营模式、管理方式、技术革新、发展动态等信息，征求相关行业企业关于税法执行、征收管理和纳税服务等方面的意见与建议，了解某一行业税收热点、难点和问题，帮助企业排忧解难，统一回应行业性涉税诉求，增进税企沟通，共商共建和谐税企关系。

2. 引导企业完善税务风险内控机制

（1）制定大企业税务风险管理指引。为满足我国大企业税务风险内控体系建设的需要，借鉴风险管理理论，在深入调查研究和广泛征求意见的基础上，国家税务总局于 2009 年 5 月 13 日制定印发《大企业税务风险管理指引（试行）》，明确了大企业税务风险管理目标、制度、机制，指导企业在税务风险管理组织、税务风险识别和评估、税务风险应对策略和内部控制、信息与沟通、监督和改进等方面加强内控体系建设，获得了企业的普遍重视和认可。45 户总局定点联系企业基本上按照《大企业税务风险管理指引（试行）》的要求，建立健全税务风险防控机制，丰富了企业整体风险管理体系。《大企业税务风险管理指引（试行）》的发布，既对大企业有效控制税务风险，防范税务违法行为，依法履行纳税义务提供了操作指南，也为税务机关开展税收风险管理提供了明确的参照和借鉴，为大企业税收风险管理奠定了坚实的基础。

（2）开展税务风险内控调查。为了解企业税务风险内控机制建设情况，2014 年结合 8 户企业全流程风险管理工作，制定《2014 年大企业税务风险内控调查工作方案》，组织税务系统大企业税收管理部门开展了税务风险内控机制调查工作，从税务风险管理控制环境，税务风险识别、分析和评估，税务风险控制活动，税务信息管理体制和沟通机制，监督和改进机制等方面了解大企业税务风险内控机制建设状况，初步分析内控建设可能存在的问题，编写了分集团税务风险内控调查报告，结合后续开展的税务风险内控测试工作和税务风险管理工作，为企业税务风险内控建设提出完善建议，帮助企业提高自我防控税务风险的能力，实现了税企合作共赢。

（3）制作下发税务风险管理建议书。结合全流程风险管理工作，对企业涉税风险进行评估分析，针对企业存在的涉税风险点，帮助企业分析风险发生的原因、发生的频率、发生的环节，逐户制作《税务风险管理建议书》，提出控制风险的意见和建议，向企业反馈，帮助企业建立完善税务风险内控机制，防范税务风险。先后向中石化、中国烟草、大唐集团、中国工商银行等发送《税务风险管理建议书》，受到企业一致好评。

（4）制定税务风险内控测试指标体系。在大企业管理司组织组织部分税务机关和中介机构，对大企业税务风险内控测评指标体系进行研究，初步建立了税务风险内控测试指标体系。在设定指标体系的过程中，主要根据企业经营活动轨迹，了解其运行流程，对运行流程各个环节进行分析，找出关键涉税控制节点及其涉税风险点，依据现行税法规定设置控制指标和控制标准，将控制标准与企业控制制度执行情况进行对比分析，从而对企业涉税内控设置及执行的有效性进行评价，帮助企业完善税务风险内控体系。

3. 完善涉税诉求处理机制

（1）制定大企业涉税诉求管理办法。大企业生产经营点多面广，其各个层级的成员企业往往涉及多个省、多个层级的国税、地税机关，且大企业经营业务复杂，决定了它对税收政策的确定性和执行统一性的需求。为更好地做好诉求处理这一服务工作，制定了大企业涉税诉求管理办法，完善系统内部诉求处理工作程序，明确收集受理、归类分析、反馈处置工作流程以及各环节工作职责，快速响应大企业涉税诉求。通过及时处理企业涉税诉求，做到"件件有落实，事事有回应"，增强大企业税法适用的确定性和执法的统一性，提高了企业税法遵从度，得到了大企业的普遍点赞。

（2）建立完善大企业涉税事项协调会议制度。为帮助企业解决重大疑难涉税问题，制定了《关于完善大企业涉税事项协调会议制度及有关工作机制的意见》，明确了总局定点联系企业涉税事项处理的工作程序和内部协调机制，提高了大企业涉税诉求处理质效。召开大企业涉税事项协调会议，各级税务机关也建立了相应的制度，横向联合解决企业重大涉税问题。

4. 创新个性化纳税服务方式

（1）开展"便民办税春风行动"。根据国家税务总局"便民办税春风行动"总体部署，将春风吹进大企业。陆续开展了税企高层交流、确定大企业联络员、征集大企业涉税诉求、试行大企业涉税事项事先裁定、制定大企业相关行业税收风险管理指南等多项行动。王军局长及其他多位局领导走访中国烟草总公司、沃尔玛等企业，并与烟草总公司、中冶集团分别签署《税收风险管理合作备忘录》。

（2）签订税收遵从合作协议。各省大企业税收管理部门也积极探索开展此项工作，在国税、地税合并之前，全国已有约18个省（自治区、直辖市）国税局、6个省（直辖市）地税局与本辖区部分定点联系企业签订了遵从协议。

（3）制定行业税收风险管理指南。寓管理于服务，通过风险管理工作，深入分析行业现状、发展前景、生产经营特点、财务核算特点，对行业相关税收政策适用、行业共性税收风险进行总结，制定行业税收风险管理指南，帮助企业集团了解、分析自身存在的行业性系统性风险，制定风险防控措施，进一步提高税法遵从度。

6.2.2 创新大企业个性化服务产品建议

建立成体系的纳税服务产品,主要是为了促进大企业遵从。这些纳税服务产品,应该既区别与对中小企业的纳税服务,又区别于以往传统的纳税服务,要体现出针对性、个性化和促进税法遵从的功能。

1. 实施年度遵从计划

年度遵从计划是指省级大企业税收管理部门为大企业量身定制的一套遵从计划,包括企业税法遵从的基本情况、当前主要存在的税务风险、年度风险防控措施及执行计划安排。年度遵从计划是落实税企合作遵从的一项基础制度。其业务流程如下(见图6-1):

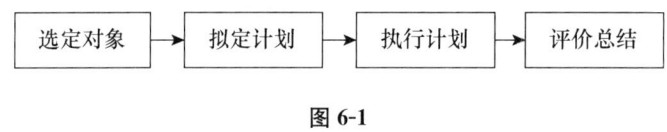

图 6-1

(1)选定对象。根据以前年度风险识别及应对的结果,专门针对那些风险较高的集团企业,选择其中主动遵从意愿较高、税企合作基础较好的,作为年度遵从计划安排的对象。

(2)拟定计划。税企双方针对企业比较重大的风险隐患,从企业完善内控制度和税务机关加强风险管理两个方面开展双向合作,共同完善制度,制定整改措施及执行安排。年度遵从计划文本的内容主要包括企业税法遵从的基本情况、当前主要存在的税务风险、年度风险防控措施及执行计划安排。

(3)执行计划。省级大企业纳税服务岗按照制定的年度遵从计划,对企业计划的落实情况明确责任人,贴近企业服务,配合并督促企业执行,属于税务机关需要完成的遵从任务,应当纳入岗位绩效考核。

(4)评价总结。年终,对于年度计划执行较好的企业,税企双方共同商定次年是否继续提供此项服务;对年度遵从计划落实情况较差的企业,列为下一年度风险日常监测的重点对象。

2. 新税法适用辅导

新税法适用辅导是指税务机关对新出台的税收法律、法规及规范性文件，结合大企业的实际，主动提供有关背景、内容要求及执行建议等方面的意见，并进行跟踪与反馈，提高大企业执行新税法的准确性，事前进行税务风险防控。其业务流程如下（见图 6-2）：

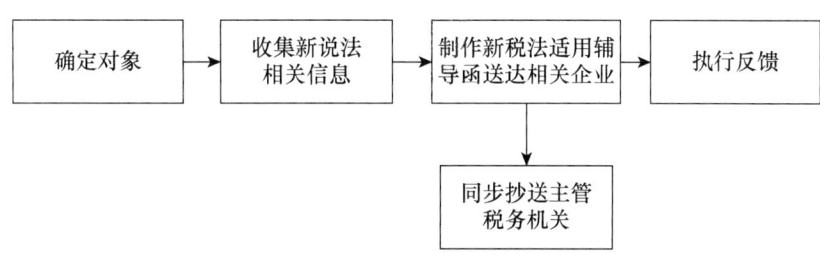

图 6-2

（1）确定对象。针对出台的新税法，深度理解纳税人生产经营的适用场景，选定需要提供新税法适用辅导的企业，并与企业共同商定具体的解读需求。

（2）收集信息。研读新税法条文及相关的资料；收集选定企业及其所属行业的相关信息；提出执行新税法的意见与建议。

（3）制作《新税法适用辅导函》。制作《新税法适用辅导函》，辅导函的具体内容包括：新税法出台背景、主要内容、执行可能出现的偏差、遇到难题的解决办法等，按公文的会签程序办理。并向选定企业送达。

（4）执行结果反馈。企业执行新税法后的第一个申报期结束后，税务机关及时开展执行结果的回访，确认税法执行的合法性、准确性，吸取企业意见，并做好回访记录。

3. 开展复杂涉税事项专题培训

复杂涉税事项专题培训，是指国家税务总局和省级税务机关定期或不定期就复杂涉税事项面向省局列名大企业（包括总局定点联系企业的成员单位）开展专题培训。其业务流程如下（见图 6-3）：

（1）收集企业问题。定期收集各级税务机关在税收征管活动中掌握的复杂涉税事项，定期汇总至省局和国家税务总局，并收集通过 12366 平台、电话、网络、邮件、书面请示等方式反映的复杂涉税事项诉求，归集形成问题清单，选

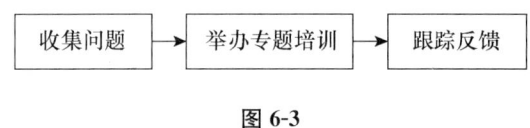

图 6-3

择认识不一致、执行不统一的问题作为培训专题。

（2）举办专题培训。提前 15 天发布公告，告知培训主题、时间、地点以及报名方式；专题培训包含教师讲解、现场提问解答、问卷调查等多种形式，了解企业对税法的理解情况；制作专题培训资料并在官方网站及时发布，扩大专题培训辐射范围。

（3）跟踪反馈。每年第四季度对参加培训单位抽样函询或电话回访，了解接受培训单位对所培训专题相关税法的执行情况，以及对税务部门专题培训的意见建议；按年度编制复杂涉税事项专题培训工作年度报告；复杂涉税事项专题培训应当纳入纳税服务部门的全年培训计划，也可与其他部门的培训统筹安排。

4. 试行事先裁定

纳税人对其预期未来发生、有重要经济利益关系的特定复杂事项，难以直接适用税法制度进行核算和计税时，可以申请事先裁定。省以上税务机关可以在法定权限内对纳税人适用税法问题做出书面事先裁定。其业务流程如下（见图 6-4）：

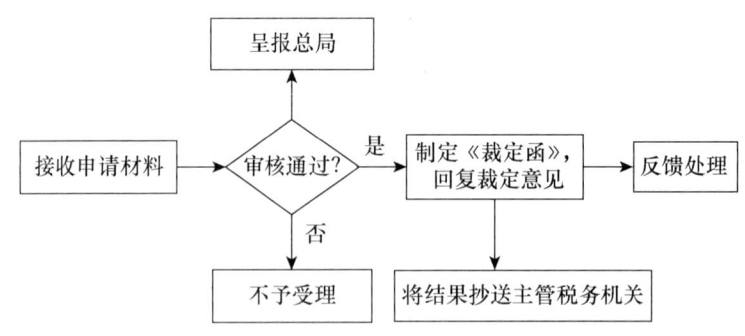

图 6-4

（1）接收申请资料。直接接收或通过下级税务机关转交的总局定点联系企业、省局列名大企业提出的事先裁定申请。

（2）审核申请。审核是否属于事先裁定范围，对于不属于事先裁定范围的，不予受理，告知企业并说明理由，同时将结果抄送主管税务机关；对属于事先裁定范围且资料齐全的，予以受理并书面通知企业；对属于事先裁定范围但资料不全的，通知企业补充资料，收到补充资料之日为受理日期。

对属于事先裁定范围的，应当实行分级管理。属于总局定点联系企业的、涉及省外成员企业的或现行税法尚无明确规定的申请事项，应呈报总局裁定；属于省局列名大企业的其他裁定事项，应由省局税务机关裁定。

与申请的企业沟通，详细了解申请裁定事项的具体内容、企业意见及理由。提出初步裁定意见：大企业税收管理部门对大企业提出的事先裁定事项进行分析研究，提出初步裁定意见，初步裁定意见具体内容包括：处理意见、政策依据、注意事项，报相关部门会签。

（3）制作《裁定函》，回复裁定意见。各业务部门意见一致的，形成最终裁定意见；各业务部门意见不一致的，提请召开由相关局领导主持的协调会议，以会议形成的决定为最终裁定意见。

起草《裁定函》，从受理之日起两个月以内正式回复企业，具体内容包括：处理意见、政策依据、注意事项。随后将结果抄送主管税务机关。

对具有普遍适用意义的《裁定函》，出于企业商业机密的保密需要，应当在事先裁定意见相关重大事项完成后向社会公开。

（4）反馈处理。开展执行结果的回访，确认裁定意见执行的合法性、准确性，听取企业的反馈意见。分析裁定意见的影响、注意事项，为同类型事项的处理提供参考。

5. 开展税务内控风险测评

税务内控风险测评是指税务机关出于帮助企业建立健全内控制度或签订税收遵从合作协议的需要，对企业内控制度进行符合性与实质性测试，就识别的税务风险提出防控建议，进而帮助企业完善税务风险内控体系。其业务流程如下（见图 6-5）：

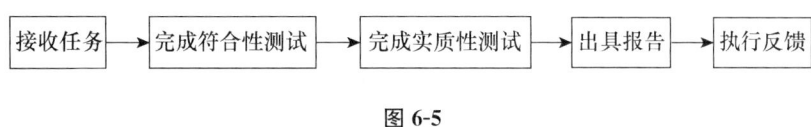

图 6-5

（1）接收任务。接收省局大企业提交的税务内控风险测评申请资料；税收遵从合作协议谈签中大企业纳税服务岗启动的内控测评;总局推送的定点联系企业成员单位内控测评。

(2)完成符合性测试。收集大企业集团的《内控手册》等内控制度文本,重点评价企业的涉税内控制度的科学性、合规性与完整性;对发现的差异、缺陷进行描述与确认,为实质性测试指明方向。

(3)完成实质性测试。在符合性测试的基础上,通过制定方案,合理分工,严格按照规范的流程进行穿行测试,其中对交易频率较高的可采用抽样测试的方法,并根据抽样结果计算总体误差。

(4)出具报告。根据符合性测试、实质性测试的结果,对企业税收风险和内控制度进行整体评价,形成《内控风险测评报告》,具体内容包括:企业涉税内控基本情况、测评方法及过程、抽查验证情况、税务内控风险防控建议。测评方法请参照×××税务审计流程。将《内控风险测评报告》及时上报国家税务总局,主送企业并抄送至相应的主管税务机关。

(5)执行反馈。定期收集企业改进与完善税务风险内控情况,评价《内控风险测评报告》中风险防控意见与建议的执行效果,与企业共商进一步完善风险防控体系的措施。

6. 推广税收遵从合作协议

税收遵从合作协议是指征纳双方依据税收相关法律之立法精神,在法律法规允许的范围内就税企双方的权利义务关系进行约定,促进双方建立平等、互信、合作的新型征纳关系。其业务流程如下(见图6-6):

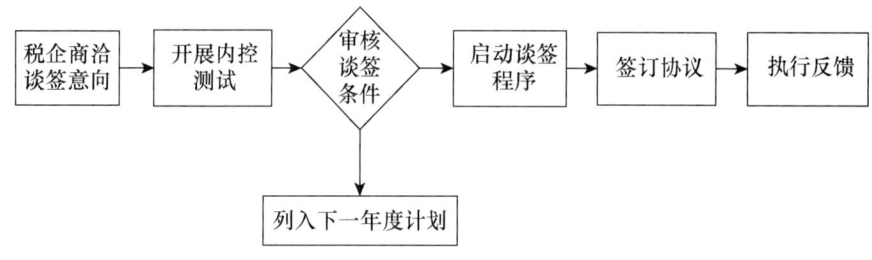

图 6-6

(1)税企商洽谈签意向。税务机关向有谈签意向的企业详细说明税收遵从合作协议的内容、意义及条件,企业确认谈签意向后,方可启动谈签程序。

(2)开展内控测试。参照大企业个性化服务——税务内控测评流程。

（3）审核谈签条件。经内控测试确认为风险较低的企业，符合签约条件的，开始起草协议条款；经测试确认为风险较高，不符合谈签条件的，督促企业按照《内控测试报告》的要求改进与完善内控制度，列入下一年度的谈签对象。

（4）签订协议。制作《税收遵从合作协议（征求意见稿）》。税企双方深入沟通协议格式文本内容，就个性化条款进行磋商，达成一致意见后制作《税收遵从合作协议（征求意见稿）》。经相关部门会签后，总局或省局局长办公会议审查批准，形成《税收遵从合作协议（签约稿）》。及时与签约企业交换意见，使签约双方对《税收遵从合作协议（签约稿）》修改意见达成一致。与纳税人沟通协调协议签订的相关事项，组织安排协议签订仪式。

（5）执行反馈。定期了解税企双方执行协议情况，及时解决协议执行过程中出现的问题，并对修订完善协议提出建议。

7. 建立高层对话制度

高层对话制度是指省局税务机关领导班子成员与企业的高管就税企双方共同关注的重大税收议题进行面对面的磋商，为问题的妥善处理，双方达成比较一致的意见。省局列名大企业的高层对话原则上一年安排一次，遇有特别重大的问题，经税企双方同意可及时启动高层对话；对于列名大企业较多的单位，若税企双方当年无重大事项需要商定，也可通过双方高层致函的方式进行对话沟通。其业务流程如下（见图6-7）：

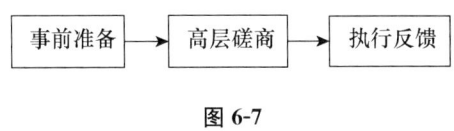

图 6-7

（1）事前准备。收集整理磋商议题，并与企业的财务（税收）管理部门初步交换意见，并列出需要双方高层议定的事项，为双方高层会面准备好相关资料。

（2）高层磋商。在约定的时间举行对话，按照既定的程序一一进行协商，根据磋商结果形成《合作备忘录》（不统一格式），经双方确认后生效。

（3）执行反馈。在税企双方磋商的基础上，税务机关按照《省级税务机关工作规则》履行程序将磋商的意见通知相关单位执行，并对执行结果进行跟踪问效。

8. 走访大企业

大企业走访是指省局税务机关大企业税收管理部门对大企业每年至少进行一次走访，收集企业生产经营的最新变化情况，听取企业对税法执行、纳税服务和税收征管方面的需求与意见。其业务流程如下（见图6-8）：

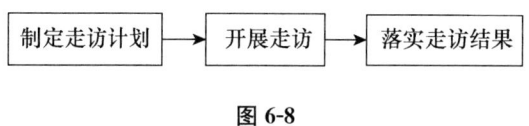

图 6-8

（1）制定走访计划。省局税务机关大企业税收管理部门根据实际情况合理制定走访计划。

（2）开展走访。按照走访计划收集列名大企业的生产经营最新变化情况、未来经营和发展战略等信息。与企业开展面对面交流，听取企业对税法执行、纳税服务和税收征管方面的需求与意见，并向企业推介个性化服务新产品。

（3）落实走访结果。根据企业的最新变化情况更新征管系统相关信息；税法执行方面的问题要向相关税政部门反映；将纳税服务方面的需求作为需求调查进行归集，用于服务产品的定制研发；属于涉税诉求的，启动涉税诉求响应程序。

9. 建立涉税诉求快速响应机制

涉税诉求快速响应机制，是指税务机关建立一套完整制度，及时响应大企业就税法执行、纳税服务以及税收征管等提出的难题及主张。其业务流程如下（见图6-9）：

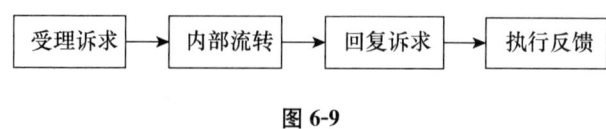

图 6-9

（1）受理诉求。接收企业诉求材料或企业通过下级税务机关转报的涉税诉求及相关资料。审核申请受理诉求：不符合税法规定的在《纳税人涉税诉求申请表》上填写不予受理意见、原因，告知纳税人相关事项，做出书面回复，并将结果抄送主管税务机关。符合规定的确认受理，制作《纳税人涉税诉求申请表》，提交大企业税收管理部门。具体内容包括：纳税人识别号、企业名称、诉求内容、联系人、联系电话、联系人电子邮箱等。

（2）内部流转。大企业税收管理部门将受理的涉税诉求进行分类、整理，草拟初步处理意见，报经分管大企业管理机构负责人批准后，提请国家税务总局或省局相关业务部门会签。

（3）回复诉求。自受理之日起的 30 日内，根据总局、省局相关业务部门的会签处理意见函复企业，并抄送相关责任单位及主管税务机关。

（4）执行反馈。要求企业在诉求得到解决的 10 日内向税务机关反馈落实结果及企业对该结果的满意程度；省局大企业部门是涉税诉求执行落实的主要责任人，要承担起抓落实的职责。

延伸阅读

中国大企业个性化服务实践

（一）多地税企签署税收遵从协议

2012 年 10 月 12 日，作为国家税务总局的首批定点联系企业，中国海洋石油总公司、中国人寿（保险）集团公司和西门子（中国）有限公司（以下分别简称中海油、中国人寿、西门子中国）又有了一个新的身份——协议企业。原因是这 3 户大企业和国家税务总局签署税收遵从协议。根据协议，国家税务总局将与这 3 户大企业开展比以往更加密切的合作，目的是将大企业税务风险管理水平提升到更高的层次。

作为实行税务风险管理的重要新举措，各地税务机关陆续开始和部分企业签署税收遵从协议。

2011 年 4 月 26 日，河南省国家税务局召开"大企业税收遵从协议签订仪式暨税企恳谈会"。会上，河南省国家税务局与 20 户省国税局定点联系企业代表签署了税收遵从协议。第一次用法律契约模式分别规定了河南省国家税务局和企业应承担的义务，要求国税机关对企业涉税诉求给予更明确的答复、积极帮助企业完善内控制度防范税务风险、不重复进行税务检查、分享税务风险评估信息等；要求企业依法履行纳税义务、建立税务风险管理机制、提前报告重大涉税变更事项等。

2011 年 4 月 28 日上午，北京市国税局举行了税收遵从协议签署仪式，北京市国税局局长吴新联分别与北京菜市口百货股份有限公司、北京燕京啤酒股份有限公司、北京龙徽酿酒有限公司、北京金隅股份有限公司、施耐德电气（中国）投资有限公司等五家纳税信用 A 级企业法人代表签署了税收遵从协议。

2011 年 7 月 13 日下午，贵州省国家税务局与贵州乌江水电开发有限责任公司签署了税收服务与遵从协议。

2012 年 5 月，四川省国税局与四川五粮液集团公司、中国移动通信四川公司、中国电信四川公司、成都伊藤洋华堂有限公司等四家企业签署了税收遵从协议，以合同文本的形式明确了税企双方在加强税务风险防控方面的权利与义务。

（二）安徽省国税局：率先尝试事先裁定

2013 年 4 月，安徽省国税局和马钢集团、奇瑞汽车等四家大企业签署了税收遵从合作协议，该协议明确签约企业可就未来特定事项如何适用税法向省局申请事先裁定服务。不久后，马钢集团在准备资产重组时，决定将下属马钢股份公司非钢产业进行剥离，剥离出的非钢业务整合归并到集团公司。按照马钢集团原有资产重组方案，此项交易预计金额为 16.22 亿元，涉及相关税款近 2 亿元。

安徽省国税局局长龙岳辉带队到马钢集团调研，就资产重组方案的涉税事项与马钢集团高层深入沟通，指出原资产重组方案不能满足现行税收优惠条件，并就资产重组的税法适用提出了建设性意见。马钢集团听取税务机关的建议后，决定调整资产重组方案，将马钢股份有限公司下属的汽运公司等 8 家分公司整体出售给马钢集团，包括实物资产及与其相关联的债权、负债和劳动力，并就调整后的方案正式向安徽省国税局申请事先裁定。安徽省国税局根据国家税务总局公告 2011 第 13 号的规定，对马钢集团申请资产重组涉税事项做出了"马钢集团此次资产重组，不属于增值税的征税范围，不征收增值税"的裁定意见。

（三）河北省国税局：健全个性化服务工作机制

2016 年 3 月，发布《关于经济发展新常态下深化大企业个性化服务的指导意见》，建立横向纵向协调机制，有效响应、解决跨区域经营集团企业重要涉税诉求；组织企业编写大企业税务遵从管理年度报告，帮助企业建立和完善税务风险内控机制，与部分企业签订《税收遵从合作协议》；对年纳税 2 000 万元以上的大企业确定客户协调员；对省局管辖的 60 家企业集团和年纳税额 2 000 万元以上的企业开展涉税诉求征询活动等，有效促进了大企业税法遵从度的提升。积极改进大企业涉税事项处理机制，将大企业复杂涉税事项提升至省局统筹管理。同时，规范大企业涉税诉求的受理和回复工作，省市两级建立专家小组，对大企业执行税收政策遇到的热点难点问题，提供专业的政策解读，提出确定、统一的政策执行意见，快速、准确地回应大企业涉税诉求。另外，完善大企业涉税事项协调会议机制，及时解决重大、复杂涉税事项，提高大企业涉税诉求应对效率。在继续完善《税收遵从合作协议》谈签和管理机制的同时，做好《税收遵从合作协议》签订后的服务和管理工作，使合作协议条款得到有效落实，签约企业的税收风险内控体系进一步健全，签约企业税收遵从的引领和示范效应有效发挥，形成税企双方共同信守承诺、防范风险、合作共赢的良好格局。建立大企业涉税风险动态提醒机制。充分利用风险分析和应对结果，编制《涉税风险防控指南》，向大企业及时发送共性的、行业性的及有关重大事项的涉税风险提示，突出事前预防，帮助企业及时识别、排查和应对风险。第四，加强多方合作，健全大企业税收服务协调机制。目前，河北省国税局和地税局已经联合成立了大企业税收风险管理工作领导小组，通过联合开展税企沟通交流及时解决涉税诉求、联合建立大企业税收风险特征库、联合开展大企业税务风险内控测试和共同做好大企业信息基础工作等方式，在税企高层对话、税收遵从协议谈签、事先裁定、共享定点联系企业数据信息等方面加大合作力度，整合部门资源，提高工作效率，减轻大企业负担。

（四）四川省国税局：推行"B.I.G"大企业税收服务

近年来，该省国税部门从七大优势产业和六大战略性新兴产业及大企业大集团100强中选取首批852户列名大企业，启动推进大企业税收专业化服务管理工作。"B.I.G"代表了大企业税收服务背后的三个核心要素："B"——Books，书，即两册税收工具书；"I"——Interaction，互动，即用四项制度保证无障碍沟通；"G"——Growth，成长，即用四类措施助力企业发展。

"B.I.G"中的"B"代表着Books（书），指的是两册书，即涉税事项预告"白皮书"和分户服务手册"蓝皮书"。按照国家税务总局部署，在取消62个进户执法项目的基础上，四川省国税局归口统筹需要进入列名大企业开展的纳税评估、税务审计、专项核查等6类287项年度涉税事项安排，编辑成"白皮书"，在年初即率先向省局列名大企业预告，无预告原则上不得进户执法，同一预告事项原则上不得重复进户，以自我革命的勇气迈出治权限权、规范用权的实质性步伐。对于细分列名大企业不同行业、经营等特点，量身打造税收服务手册"蓝皮书"，包括分户涉税政策、风险提示、服务产品、征管事项四大专属部分，帮助大企业提高涉税事务处理的规范性、准确性和实效性，有效降低税务风险。"蓝皮书"是一本温心暖手的税收工具书，非常实用，是税收服务管理专业水准的体现。两本书，从"提高实用性，方便纳税人"入手，真正做到"纳税人所盼，税务人所向"的服务承诺。

B.I.G中的"I"，指的是Interac-tion（互动），具体来说，就是设定专门联络员制度、领导班子成员联系走访列名大企业制度、高层对话制度、遵从合作协议谈签制度等四项制度，保障企业和税务部门无障碍沟通。

专门联络员制度，即为大企业及其核心成员单位配备省、市、县三级专门联络员121名，实行最新政策及时宣传、年度工作提前预告、重大事项及时告知、重大决策实时传达。其次是，领导班子成员联系走访列名大企业制度，结合集中开展"走基层、解难题、办实事、惠民生"活动，联系走访省市列名大企业716户，收集涉税诉求512条，研究解决困难问题362个。此外，省国税局还建立了定期开展高层对话制度，省、市局领导班子成员与大企业管理决策层，以当前税收工作的热点、难点、重点为主要内容开展充分交流。最后，签订遵从合作协议，在全面开展大企业税法遵从度评价的基础上，选择高遵从度企业签订遵从合作协议，明确税企双方的法定权利义务，推动税企携手提高税法遵从度。目前，已与全省334户列名大企业签订了遵从合作协议。

B.I.G中的"G"，指的是Growth（成长），即通过税收政策深度解读、涉税诉求快速响应、复杂事项专题培训、预期事项事先商定等四项政策，助力企业发展。

政策规定，涉及大企业的税收新政、政策调整及重要涉税改革事项，按照解读口径、执行标准、工作方案"三统一"的要求，第一时间向大企业宣传到位；归口统筹大企业申请的政策疑问答复，并将具有普遍性的答复公告全省，确保税收政策适用确定性和执行统一性。同时，以税企电子交流平台、国税门户网站大企业服务平台和大企业税收管理信息平台为主体支撑，打造大企业税收服务直通车，完善大企业服务管理部门联席会议制度，快速响应大企业涉税诉求。开展着眼于提高大企业财税工作人员解决复杂涉税事项能力的专题培训。2015年以来，相继开展涉及增值税、企业所得税的14个复杂涉税事项专题视频培训，增强了税法执行的确定性和统一性。对于大企业申请的关于未来可预期的特定重大事项，依据税法给予明确答复，提前消除税法执行、政策解读的差异，引导企业以合法有效的方式进行税收安排，为企业做大做强清除障碍。

TAX OF LARGE BUSINESS
TEN YEARS OF RESEARCH ON
Basic Challenging Problems

第7章 信息技术

大企业税收管理信息化，是依托现代信息技术，深度开发和利用信息资源，提高管理、监控和服务水平，推动大企业税收管理的业务重组、流程再造，推进实现大企业税收管理现代化目标的过程。加快推进大企业税收管理信息化，应当以业务需求为导向，以技术创新为驱动，实现税收管理改革与信息技术运用的相互结合和互相促进；加快推进大企业税收管理信息化，必将引发管理变革，需要推动建立与之相适应的组织模式、管理方式和业务流程；加快推进大企业税收管理信息化，关键在于有效利用信息资源，通过广泛采集和积累信息，迅速流通和加工信息，有效利用和繁衍信息，提高管理、监控和服务效能。

大企业税收管理信息化，以实现大企业税收现代化为目标，它既是实现管理现代化的强大推动力，又是管理现代化的有机组成部分，因而大企业税收管理信息化不仅包括税收业务的信息化，还包括管理流程的规范化和数据口径的标准化。

7.1 国外大企业税收信息化管理情况

美国和澳大利亚两国各具特色的大企业税收管理信息系统，展示了美国国内收入局（IRS）和澳大利亚联邦税务局（ATO）强大的业务整合能力和先进的技术手段，说明信息化管理是大企业税收管理的重要支撑，是大企业税收管理现代化发展的必由之路。

IRS 和 ATO 都十分重视信息化建设工作，并根据自己的国情和业务特点建立了各自的税收信息化管理系统。目前 IRS 通过纳税申报电子化系统、自动化风险筛选分析系统、大企业税务审计个案管理系统、大企业税务审计报告系统，实现了大企业的全国联网电子申报、涉税风险机器筛查以及对大企业税务审计案件的实时跟踪、过程控制、绩效管理和质量审查。ATO 依托风险管理系统、审计支持系统、遵从情报系统、欠税处理和报告系统，有效开展了大企业税务审计个案筛选、情报收集、监控追踪和欠税追缴等工作。

美国、澳大利亚、日本和荷兰等发达国家的税制结构、税收管理模式大同小异，因此，相应信息化建设的总体架构也基本类似。[1]它们把现代信息技术

---
[1] 张艳江，梁俊娇. 关于大企业税收管理制度的思考[J]. 中央财经大学学报，2015（3）：19.

主要应用于申报处理、纳税人服务、报税和缴税管理、遵从管理、犯罪调查和内部管理等税收业务领域。

（1）申报处理。申报处理是税务机关开展工作的第一个环节，即企业通过电子或纸质的形式进行纳税申报。该领域的信息系统主要包括综合征管软件、电子申报处理系统、纸质申报处理系统、支付处理系统、收入核算系统等。针对这类基础性业务，多数发达国家都开发了综合征管软件，如美国的 ISRP 系统、澳大利亚的 ICP 系统、日本的 KSK 系统。在部分业务领域，各国的信息化支持系统有所不同，如美国的税款支付缴纳通过联邦政府电子支付门户网站（EFTPS）来实现。

（2）纳税人服务。纳税人服务业务主要包括：税法和守法协助；纳税人教育；纳税人账户、退税和通知查询。纳税人服务主要通过三种方式提供：客户集中联系中心（电话、书面和电子查询）、自助应用手段（通过电话和网络）和实地协助（面对面协助）。纳税人服务方面的信息系统主要有电话呼叫系统、门户网站系统、纸质邮件系统、电子邮件系统、第三方（会计师、报税员）系统等。

（3）报税和缴税管理。个人所得税是发达国家的主体税种，报税和缴税管理主要针对个人所得税的低报税、不报税和欠缴税等情况进行管理。相应的信息化支持系统主要有第三方信息匹配系统、欠税追缴系统、信息分析系统等。如美国，针对低报税情况开发了信息申报匹配软件（IRP，将纳税人申报信息与雇主等第三方信息进行匹配）、低报者自动检查系统（AUR，自动向低报者发送通知并管理）以及基于信用卡和网络销售的匹配软件（CCBM）；针对不报税情况开发了自动化替代系统（针对具有纳税义务而不报税的情况自动生成纳税申报表，并发送纳税人确认）；针对欠缴税开发了工作量管理系统、自动追缴系统、综合决策分析系统（对欠缴税情况进行优先排序）等；澳大利亚主要依赖 ICP 系统和 Siebel 系统来支持此类业务。

（4）遵从管理。遵从管理，是发达国家税收管理的重要业务领域，旨在查明那些不遵从税法的纳税人，提高纳税人自我遵从度。遵从管理的目的是保证使纳税人按正确数额报税和缴税。这包括核查报税的准确性，并确定申报的收入数额正确，申报的扣减符合税收法规的要求。税务审计是遵从管理的一个重要手段，也是大企业税收管理部门的核心业务。这个业务领域的信息系统主要包括风险评分系统、风险识别系统、案件管理系统、管理报告系统等。如美国，有判别指数函数系统（DIF）和判别分析系统（DAS）、选案和工作量分配系统

(SWC)、问题管理系统（IMS）和审计信息管理系统（AIMS）；澳大利亚，有案件筛选数据库（CSDB）、案件管理系统（Siebel）和针对 150 家特大企业集团的大企业风险定性软件工具。

（5）犯罪调查。主要执行涉税犯罪方面的调查，以提高纳税遵从度，从而保证税收的公平公正。犯罪调查部门同司法部的税收案件部门、司法部长下属各办公室以及其他执法机构保持密切的工作关系。这个领域的信息系统主要包括：调查数据分析工具、调查取证软件工具等。如美国，有用于数据分析、案件筛选和趋势预测的 IDA 软件，用于调查取证的 ISDM 软件，用于管理和跟踪监测罚没资产的 AFTRAK 软件。

（6）内部管理。为了提高工作效率，多数发达国家还开发了便于内部管理和监督的信息化系统，包括财务管理系统、人力资源管理系统、教育培训系统等。

发达国家的实践经验表明，大企业税收管理信息化建设并非一日之功，需要先进的技术、完善的立法以及强大的数据作为支撑，更需要长期的探索和沉淀，才能打造适合当前税收大环境的信息化平台，真正实现数据的完美整合和利用。

7.1.1　多渠道的数据采集体系

大企业税收风险管理和服务需要海量的数据作为支撑，各国税务机关在大企业税收专业化管理的探索过程中，逐步建立了多渠道的数据采集体系。

由于深刻认识到数据在税务风险识别、确定、排序及应对过程中的重要作用，因此无论是澳大利亚还是美国，都非常重视数据的搜集。比如，澳大利亚联邦税务局建立了一个多维数据集，不仅搜集纳税人纳税申报表的数据，还搜集其他政府部门的数据和外部来源的公开数据，同时还通过向纳税人发放的《信息索要单》和面对面的约谈，来获得更多的有关纳税人的数据。美国则建立了一个称为"数据集市"的大型数据库，除了注重从纳税人和税务系统内部获得数据外，还格外重视从税务系统外部收集数据。这里值得一提的是，美国和澳大利亚从第三方获取数据是有法律保障的。只要税务机关认为需要，都可以从其他政府部门和银行等单位索要，而其他政府部门和单位都必须给予配合。因此，这两个国家的税务机关都掌握着大量的有关纳税人的数据。

以美国为例，IRS 以纳税申报表、第三方数据和国际情报交换数据等作为主要的数据来源。其中，纳税申报表是最重要的来源渠道。2013 年，美国的电子纳税申报表占已收到申报表的 81%，并呈现逐年递增的趋势，基本上所有的大型企业都已采用电子申报的方式进行纳税申报。IRS 所有的电子纳税申报数据都以 xml 格式储存在"现代化纳税申报数据库"中。除了纳税申报表外，IRS 每年都向邓白氏、律商联讯、汤森路透、标准普尔等商业公司付费订阅一些商业数据资源，并通过国际情报交换获取离岸税收情报，2014 年实施的《外国账户税法遵从法案》极大地增加了来自美国以外的数据。

ATO 同样建立了多渠道的数据采集体系：一是内部信息来源，包括 SIEBEL（ATO 的一个信息管理系统）、纳税人综合性信息软件、纳税申报表、基础信息库、ATO 图书馆电子资料等；二是外部信息来源，包括企业网站、互联网、媒体、澳大利亚证券投资委员会数据库、澳大利亚证券交易所、路透社、JITSIC 等。

此外，美澳两国都很重视报告制度。IRS 借助审计信息管理系统（AIMS）生成报告，保证高层能够及时掌握各地整体工作量、每个案件所处状态、案件花费时间、案件补交税款等情况。其大企业和国际税收管理局开发了基于问题的管理信息系统（IBMIS），既可供高层及时掌握风险筛选、可用人力资源、审计耗时、税收影响等情况，也可供研究分析处、申报前管理及技术指导处、行业主管等研究分析具体工作或涉税事项。澳大利亚大企业税收管理部门也有专门的管理层信息报告系统。对具体个案情况，借助合规审查情况报告工具自动生成个案情况报告；对税收收入情况，借助税收报告工具自动生成税收收入报告，供管理层就本局工作决策参考。

7.1.2 涉税信息采集的法律保障体系

为确保税务机关全面掌握纳税人的信息，许多国家对税务机关获取纳税人以及其他涉税信息提供了强有力的法律支撑。

美国国内收入法"信息与纳税申报"这一章中，用 65 个条款 6.2 万字的篇幅详细规定了包括任何政府单位及其机构或部门在内的几乎所有主体应向财政部长（税务机关）报送五大类源头信息。德国税收通则规定："行政机关包括德意志银行、国家银行和债务管理局在内的其他官方机构以及这些官方机构的机关和公务员的保密义务，不适用于他们向税务机关提供情况和出示材料的义务"。阿根廷法律赋予国税局享有信息共享的权力，相关公共部门有义务向国税局报送国税局所需要的相关资讯。如不动产管理部门、中央银行每四个月向国税局传递本系统对纳税人的管理信息，国税局可以通过银行、房地产、证券和燃气等部门提供的纳税人信用卡使用、房产、汽车、民航、股票、电力、不动产、动产信息，监控到纳税人资产和资金流动的变化，以印证纳税人申报信息的真实性。

7.1.3 建立数据整合平台

伴随着信息化建设的不断推进，许多国家的大企业税收管理部门为盘活分散在各系统的数据，加强数据资源的整合和利用，开发了一系列数据仓库。

发达国家开展大企业税务风险管理，都大量利用了现代信息技术，开发了多种信息系统，对数据进行挖掘利用。美国除了有专门的电子报税系统，还开发有商业扫描和数据提取系统、纳税人信息门户系统、涉税问题管理系统、审计信息管理系统、风险过滤器等，并建立了"数据集市"，收集来自电子申报表的数据、纸质申报表和相关文件扫描的影像数据、纳税人自行披露的信息、纳税检查历史信息、来自外部的涉税信息等。澳大利亚开发了案件管理系统、健康卡系统、客户身份系统等，建立了"数据仓库"，收集和处理来自纳税申报表的数据、已结案的审计数据、第三方公开财务数据等。此外，借助专门的案件管理系统，大企业税收管理部门总部还可以向各地的大企业税收管理机构分发风险任务，并实时监控各地案件进展情况。

IRS 的数据库包括"现代化纳税申报数据库"、"LB&I 数据集市"、"企业主文件数据库"以及"审计资源库"等。其中，"现代化纳税申报数据库"主要用于存储纳税人电子申报数据，"数据集市"则是一个更大的数据存储库的子集，由大企业和国际税收管理部门的分析员负责维护，用于纳税申报风险分析。所有纸质的纳税申报表和附件都会被扫描成 pdf 文件以及可机读数据，并发送至数据集市。就 IRS 内部的处理过程而言，电子版和纸质的纳税申报表所提供的重要数据元素将被发送到核心处理系统进行数学验证和遵从数据匹配。这些数据元素被发送到纳税人主数据库，即所谓的"企业主文件"，被用于对大企业的纳税申报表进行判别分析评分。而"审计资源库"是纳税人具体信息和情报库，审计员使用该资源库支持自己的审计工作，主要包括的内容有：公司提供的公开财务报表、公司网站上公布的数据、国际条约伙伴提供的数据、因特网搜索（关于兼并和收购、新产品等公司活动的新闻）、可供审计员用于创建个案和研究探讨问题或进行评估的互动工具。

澳大利亚的 ATO 大企业税收管理部门信息系统主要包括信息接收系统、登记系统、税表和缴款处理系统、客户账户系统等四个系统。信息接收系统用来处理接收到的所有信息，并将信息通过程序和系统记录发给有关处理系统和业务部门，供其采取行动。该系统可以对客户的一系列纳税行为进行预处理、记录与核验，并对相关复杂信息进行修正和改动，以形成计算机可读取并发送的信息。登记系统用于记录客户的信息及其与澳大利亚联邦税务局的关系，可以接受申请，确定资格并且在客户登记册建立客户档案。税表和缴款处理系统可以在集成核心程序处理系统中处理收到的税表和缴款，它主要用于处理税表、根据一般和具体企业规则核验税表数据、计算所欠税额以及处理缴款等工作。客户账户系统可以在集成核心程序处理系统中管理客户账户，用于将所欠税额或者应得补贴款计入客户账户、更新客户记录、向客户付款或向其收取利息或罚款、启动付款和信函程序等。

7.1.4 积极运用大数据技术

爱尔兰税务局积极运用大数据的思维方式和技术手段，重构税收征管的核心领域和关键环节，有效解决了征纳双方信息不对称的问题，提升了税收遵从管理的质效和水平。

1. 探索并引领税收高级分析

税收高级分析（Advanced Analytics）是通过运用统计和机器学习技术来挖掘数据的价值，从而为配置资源采取行动更好的决策。爱尔兰税务局于 2011 年开始使用税收分析技术，2015 年将税收高级分析应用到审计选案、欠税管理、遵从管理评估等多个领域。为加强税收高级分析的应用，爱尔兰税务局于 2015 年任命首席分析官管理并指导分析工作，建立分析技术服务团队提供 IT 基础支持服务，主导 OECD 高级分析工作项目，共享全球高级分析应用的最佳实践。[1]

---

[1] 罗强，何振华，易明翔. 爱尔兰税收管理现代化最新进展及启示[J]. 大企业税收研究，电子期刊，2016（8）.

2. 开展分行业遵从管理项目

以具体行业为类别实施遵从管理项目是爱尔兰税收征管的一个重要特征。2013年7月,爱尔兰税务局实施了"全国承包经营税收遵从项目",重点关注借壳个人服务公司提供服务的个人。截至2015年底,已结案1 246件,查补税款、滞纳金和罚款1 800万欧元。其中,41起案件在"税收黑名单"中公布,余下的案件也在2016年最终定案。另一正开展的全国遵从项目主要关注设立医疗咨询企业涉及的税收问题。2015年,完成遵从干预170次,查补收入2 300万欧元。15起案件已在"税收黑名单"中公布。2015年加强建筑行业遵从干预的直接结果,是在全国范围内启动分行业遵从项目。该项目的特征之一是,采取提前预告或不预告的方式开展一系列实地走访。2015年,为发现、中止和打击不遵从行为,爱尔兰税务局和社会保障部等其他政府部门一道,实施实地走访610次。2015年,实施建筑行业税务审计763次,查补收入近3 000万欧元。2015年,建筑行业所有遵从干预项目共计查补收入5.1亿欧元。

3. 加强国际合作并扩大影响

2015年,爱尔兰税务局广泛参与欧盟、OECD、税收征管论坛、欧洲税收管理组织等组织的一系列国际税收论坛。2015年9月,组织以"跨境电子商务增值税税制现代化"为议题的大型国际会议,来自欧盟委员会、欧盟成员国、行业组织和世界最大电商企业的代表参加会议。截至2015年底,爱尔兰与72个国家签订避免双重征税协定,其中70个生效;与25个国家签订税收情报交换协定,其中20个生效,与阿根廷的税收情报交换协定于2016年1月26日生效。2015年,爱尔兰税务局分别向海事分析行动中心(麻醉品)、欧洲刑警组织和爱尔兰驻伦敦大使馆派驻税务官员,以加强跨境涉税执法部门之间的合作和情报交换。其中向欧洲刑警组织海牙总部派驻联络官1名,向欧洲刑警组织国家组派驻官员1名。2015年,爱尔兰税务局继续积极参与OECD税基侵蚀与利润转移项目,并于2015年10月发布最终报告。该报告的总体目标是消除双重不征税的问题,并确保跨国公司的利润在真实业务发生地征税。《爱尔兰2015财政年度法案》和相关法规引入了分国别报告制度等最终报告的成果。

7.2 我国大企业税收信息化建设评析

7.2.1 大企业税收管理信息化建设情况

2008年9月，大企业税收管理司成立后，为了满足工作需要，一方面在已有的税收计统报表及重点税源管理软件的基础上，开发了税收数据采集分析系统，开展总局定点联系企业税收分析工作；另一方面启用税务审计软件，开展总局定点联系企业风险管理工作。经过近几年的开发建设，大企业税收数据采集分析系统已经由单机版软件升级为内外网衔接的大企业税收管理信息平台。在互联网上，为总局定点联系企业建立安全便捷的信息共享渠道，为企业提供及时定制的个性化税收服务。在税务系统内网上，初步建立了统一分配、统一指挥、统一调度的工作流平台，实现总局、省局、市局三级大企业管理部门的信息共享、任务推送、绩效考核等功能。税务审计软件也随着大企业税收风险管理业务的发展不断升级完善，分别实现了数据采集、风险评估、风险自查、自动风险分析、审计作业、反馈提高等功能。

大企业税收管理信息化建设经历了从无到有、从简单使用到不断完善的发展历程，大企业税收管理信息化工作已经取得了阶段性工作成果。

1. 信息化管理意识不断增强

随着大企业税收管理工作的不断深入，各级大企业税收管理部门不断感受到现代信息技术给税收管理工作带来的巨大变革，深刻认识到信息化不仅是税收工作不可或缺的要素，而且已经成为推动税收工作可持续发展的动力之源。依托信息化手段推进实现大企业税收管理现代化的意识和决心已在各级大企业税收管理部门牢固树立。

2. 信息化基础条件日益完善

通过多年的信息化建设，大企业税收管理部门在内网实现了总局、省局、地市局三级大企业税收管理部门的网络连通，总局定点联系企业涉税数据在外网得到了初步的归集、共享和应用，信息管理系统对大企业税收管理工作实现了一定覆盖，平台趋于统一、处理基本集中、管理比较规范的信息化基础框架业已建立，为大企业税收管理工作的正常运转提供了支撑和保障。

3. 信息化应用水平显著提高

随着大企业税收管理信息系统和税务审计软件的推广应用，大企业税收管理部门依托信息管理系统，组织开展了企业名册管理、税收快报、税收分析、风险管理、税企沟通等业务工作。在工作开展过程中，业务与技术互相促进，有效提升了大企业税收管理工作的质量和效率。着眼于对大企业税收风险管理工作的需要，借鉴国际上先进的税收管理理念和实践经验，国家税务总局逐年对税务审计软件进行升级完善，使它已经由最初的单机版软件，逐步发展为数据高度集中、流程日益规范、功能更为强大，并涵盖多个工具和系统的网络化平台。税务审计软件已经实现了数据采集、内控测评、风险自查、风险分析、审计作业（包括案头审计和现场审计）等功能，在推动业务变革、提升管理效益等方面取得了显著成效。依托税务审计软件，全国已经实现了总局和省局两级同步开展大企业税务审计工作。总局作为指挥机关，将财务税务数据、企业风险特征和案头审计任务等通过软件工具推送到各地税务机关，实现了信息实时共享和工作跟踪问效，改变了以往"单兵作战，分散出击"的被动局面，建立起上下联动、协调一致的大企业税收风险管理工作格局。

7.2.2 各省特色信息化建设情况

在大企业税收信息化管理过程中，各地税务机关积极探索，形成了一些有益经验。比如，浙江省国税局就根据工作实际，创立了风险过滤器。[1]

2012年，浙江省国税局开发了重点税源风险管理信息系统，按照风险管理工作流程，设置了数据管理、税源维护、风险识别、风险排序、风险应对和查询统计等六个模块。通过采集并整合国税部门现有各信息系统资源，形成数据仓库，并在系统中预置风险过滤器。系统按照指令自动过滤企业风险，得出风险分值和排序结果，并根据企业风险情况出具风险诊断书。同时，重点税源管理信息系统对接现有征管辅助系统，通过辅助系统内置的纳税评估等管理工具，

---

[1] 朱政雄. 做实省局、做强市局、做精县局——浙江国税"三级联动"防控大企业税收风险[N]. 中国税务报，2014-11-25.

对风险应对任务实施情况进行全程监控。

风险过滤器主要由指标体系和风险特征库构成。其中,指标体系包括10个基本指标和10个修正指标,主要取自纳税申报表、财务报表和第三方信息,通过分析运算形成。基本指标与修正指标一一对应,相互验证,共同反映企业税收风险特征。将企业指标值与预先设定的标准参数值进行比较,可以量化企业某一方面的税收风险。依据风险重要程度,赋予指标分值不同的权重,最终计算得到企业整体税收风险分值。对风险评估、税务检查和日常征管中发现的问题进行提炼分析,生成行业税收风险特征库。通过在风险特征库上增加行业、税种、特定事项等关键属性,与特定企业相匹配,在下发风险应对任务时,不仅反映企业风险等级与异常指标,还对风险应对工作需要重点关注的问题予以明确,提高风险应对工作的指向性。

浙江省国税局依托重点税源风险管理信息系统,每年两次运行风险过滤器,对重点税源企业进行风险识别和等级排序,上半年针对以增值税和消费税为主的企业,下半年针对以企业所得税为主的企业。重点税源管理工作取得了明显成效,2013年,该局下发了两批重点税源风险应对任务,涉及4 957户企业,其中税务稽查任务30户,纳税评估任务1 008户,风险提示任务3 919户。三类任务合计查补企业税款及滞纳金6.7亿元,调整以前年度亏损7.7亿元。纳税评估任务的查实率达到了90.8%。

陕西省地税局则因地制宜地实施数据管理,建立了数据仓库。[1]据悉,陕西省地税局运用大数据理念开发了大企业税收工作平台,依托该平台采集储存分析和利用大企业的海量数据。

在采集数据时,首先编制采集目录,根据涉税数据采集分析需求,建立统一采集和分析标准,将采集目录分为税务机关依职权产生数据纳税人报送数据和外部门获取数据三个类别共整理数据表229张,数据项6 021个,最终形成1 103张数据采集目录表和39 598个标准数据项。按照采集目录,税务机关全面采集了纳税人的各类涉税信息,完成了2013年度2014年度税收征管数据大企业经营管理数据(包括账套固定资产存货工资等)第三方数据互联网抓取等数据的采集,形成了集团一户式数据仓库。在数据分析中,陕西省地税局通过加强全产业链中数据流和资金流的比对,突出股权转让境外投资和关联交易等事

---

[1] 邹国金,陈显信. 陕西地税局向大企业力推"延长模式"[N]. 中国税务报,2016-08-12.

项的分析，共识别税收风险点 639 个。

7.2.3　目前大企业税收信息化存在的主要问题

目前税收信息化包括大企业税务管理信息化尚处于"标准化技术阶段"，还面临一些以下的主要问题：一是管理理念亟须转变、更新；二是信息化建设顶层设计和理念亟须转变；三是"信息孤岛""信息不对称"，基础信息缺失严重，数据质量有待提高（包括税务机关内部数据信息共享不够；税务机关已有的申报征收等数据质量不高；纳税人生产经营数据缺失严重；第三方信息共享）；四是税收风险特征、风险指标体系建设口径多样，认识存在偏差；五是技术业务复合型人才明显不足。

1. 一体化工作要求有待深入贯彻

2015 年，王军局长在全国税务系统信息化工作会议上，做出了"打响金税三期工程建设总攻战役，在今明两年完成'金税三期'工程全部推广应用"的工作部署。下一步，如何处理好大企业税收管理信息化与税务总局整体信息化工作的关系，是国家税务总局和各地大企业税收管理部门需要认真研究、提早谋划、持续关注的问题。与国家税务总局"一体化"工作的要求相比，从大企业税收管理信息化建设和应用现状看，当前存在以下两个突出问题：一是现有大企业税收管理信息系统在基础架构和数据标准等方面，尚需与"金税三期"工程建设保持一致；二是在"金税三期"工程建设中，按纳税人分类管理的需求并未充分体现，大企业税收管理功能不成体系的困境亟待突破。这些问题的解决，需要在需求提出、业务测试、操作培训、软件应用等工作环节，不断融入税收信息化总体格局，切实做到与金税三期工程建设规划"一张图"，发展"一盘棋"，实现"一体化"。[1]

2. 业务和技术体系建设有待协调发展

在全国税务系统信息化工作会议上，王军局长把"全面试行税收征管规范"作为 2015 年信息化建设四项新任务之一进行了动员和部署，充分体现了业务和

---

[1] 王军局长 2015 年在全国税务系统信息化工作会议上的讲话。

技术体系建设唇齿相依、相互促进的信息化工作发展方向。从目前大企业税收管理业务和技术体系建设发展情况看，还存在以下两个问题：一是大企业税收管理的核心业务，特别是风险管理工作，仍然处于不断探索完善之中，与之相关的业务模式、工作流程、岗责体系还没有固化，由此产生的信息化需求也在不断调整优化，这给信息化工作带来了不小的挑战；二是目前信息技术的应用方式主要以模拟手工处理为主，数据挖掘、风险分析、决策支持等深层次的应用方式有待丰富，特别是与美澳等国的风险过滤器、移动办公等类似的信息化产品和工具有待研发，信息技术的覆盖范围和应用水平还有待拓展和提升。下一步，大企业税收管理和信息技术管理部门要逐步建立起信息化合作工作机制，同步推进业务和技术体系建设，更好地发挥信息技术对大企业税收管理工作的渗透和提升效应。

3. 大企业集团数据有待整合利用

在大数据时代，广泛获取和充分利用数据资源，是大企业税收管理信息化工作的应有之义，也是实现大企业税收管理现代化目标的内在要求。为了更好地完成王军局长提出的加强千户企业集团税收经济分析和强化大企业案头风险分析工作的部署和要求，国家税务总局和各地税务机关亟须对千户集团和大企业涉税数据进行全面整合，并据此按照集团视角充分挖掘出数据背后蕴含的无限价值。但是，在"金税三期"尚未覆盖全国的过渡时期，税务系统掌握的涉税数据仍然以单户视角散存于各地税务机关的数据仓库之中，国家税务总局和各地大企业税收管理部门无法按照集团视角了解企业经营情况、分析企业涉税风险、把握企业涉税诉求，给大企业税收管理工作的开展带来极大不便。下一步，如何将单户企业数据利用视角和企业集团数据利用视角相结合，探索出一条集团一户式的数据筛选、归集、存储与展示之路，是各级大企业税收管理部门和电子税务管理部门努力的方向和重点。

4. 征纳双方信息不对称，存在信息孤岛现象

"共享"是互联网精神的重要属性，信息共享是彻底解决征纳双方信息不对称的关键。我们尚未建立国家层面、社会层面、企业层面的关于涉税大数据采集的法律法规，尚未建立完备的信息获取和共享机制，尚未构建完善的涉税信息征集体系，尚未明确纳税人、电商平台、金融机构、第三方支付平台、国家公共部门的涉税信息传递共享等职责义务，无法确保税务部门及时取得纳税人、

有关方面的经营信息和资金流信息，发挥好税收大数据对优化税收服务、强化税收管理的作用，发挥好税收大数据对增强经济发展研判、分析社会资源配置、完善国家宏观决策的作用。只有认真做好上述工作，才能实现全方位的数据分析和利用，真正发挥数据资源"金山银库"的作用。

5. 信息系统功能有待持续完善

从综合征管、税库银、防伪税控、出口退税等成功的税收信息化工作案例看，信息管理系统的建设和应用，需要不停地"迭代"。通过多年建设，大企业税收管理部门已经基本解决了软件工具"从无到有"的关键问题。但是，软件工具"能不能用""适不适用""好不好用"是大企业税收管理部门面对的长期挑战，大企业税收管理信息化工作会是一个持续完善、不断优化、循环往复的长期过程。在后续软件工具完善优化过程中，还要重点关注并有效解决"信息孤岛""信息烟囱""信息壁垒"等问题，通过加强顶层设计和标准体系建设，实现对现有软件功能的全面整合和与"金税三期"的有效衔接。

7.3 大企业税收管理信息系统建设思路与措施

7.3.1 大企业税收管理信息化的总体规划

1. 指导思想

紧密围绕率先实现大企业税收管理现代化这一中心任务，以业务需求为导向，以科技创新为驱动，以数据整合为基础，以"金税三期"系统为依托，加快推进大企业税收管理信息化，努力实现现代信息技术与大企业税收管理业务体系的深度融合和协同发展。

2. 建设目标

（1）实现涉税数据逐步整合。将散存在多个税收管理环节和层级的大企业涉税数据进行集中管理和共享应用，实现数据价值的充分挖掘和管理效益的整体提升。

(2) 实现业务技术深度交融。发挥创新驱动发展的牵引带动作用,将现代信息技术与大企业税收管理业务体系进行充分融合和渗透,实现业务与技术互相促进、齐头并进、协调发展。

(3) 实现系统功能全面升级。全力打造一个信息化支撑平台,全面覆盖大企业个性化纳税服务和税收风险管理等业务范畴,为实现大企业税收管理现代化目标提供全面、及时、可靠的技术保障。

(4) 实现用户范围有效覆盖。在安全可控的前提下,延伸和拓展大企业税收管理信息化支撑平台的用户覆盖范围,推动形成纵向联动、横向互动、协调一致的大企业税收管理格局。

3. 重点任务

(1) 探索建立集团一户式基础信息库。在"金税三期"工程建设框架内,借助总局集中抽取、税务系统报送、纳税人端采集和第三方共享等渠道,将目前散存在多个管理环节和层级的大企业涉税数据,按照集团一户式的方法进行筛选、归集、存储与展示,逐步建立起一个完整、规范和统一的集团一户式基础信息库(大企业管理司数据集市)。各级税务机关可以依托集团一户式基础信息库,有效开展税源监控、税收分析、风险管理、跨区域协作等深度数据利用工作,实现大企业涉税数据在全国范围的共享使用。

(2) 加快建设信息化支撑保障平台。要按照"一体化"工作要求,在"金税三期"框架内,对现有大企业税收管理信息系统和税务审计软件功能进行整合优化,将风险管理、分类管理和合作遵从等现代税收管理理念同现代信息技术紧密结合,加快建设以信息收集、风险识别、等级排序、风险应对、过程监控及评价反馈等功能为核心的大企业税收管理信息化支撑平台,依托平台固化各层级税务机关服务和管理事项,推动形成大企业税收管理现代化格局。

(3) 建立健全信息系统运行保障工作机制。开展大企业税收管理信息化工作,系统建设是基础,运行保障是关键。要建立分级负责、分类应对、科学高效的大企业税收管理信息系统运行保障工作机制,不断提升大企业税收管理信息化应用水平。

7.3.2 大企业税收管理系统建设的具体建议

从国外经验做法来看,税务部门对大企业实施有效信息化管理的基础是充分占有企业的各种涉税数据，这些数据不仅包括申报数据，还包括其他部门的信息，甚至从商业公司购买的第三方数据等。然而，我国第三方数据获取困难、数据来源渠道单一、数据质量参差不齐等问题尚未解决，这些成为制约我国税务部门全面运用数据信息分析税收风险，实施有效管理的最大障碍。

1. 完善立法，建立第三方共享机制

完善的立法是涉税信息的采集的支撑和保障，但这方面恰恰是我国法律的软肋。我国关于涉税信息采集的法律规定内容宽泛、条文分散、约束力不高、操作性不强，严重限制了我国税务部门对涉税信息的采集和利用。值得庆幸的是，《中华人民共和国税收征收管理法（征求意见稿）》第五条第三款明确规定：各有关部门和单位应当支持、协助税务机关依法执行职务，向税务机关提供涉税信息。也就是说，相关部门和单位将所掌握的纳税人涉税信息提供给税务机关将成为一种法律义务——当然，这里的"相关部门和单位"应该包括银行。一旦该法通过实施，将在很大程度上解决税务机关采集涉税信息无法可依的窘境，极大提高征纳双方的信息对称度，从而防范税收风险，提高税收管理水平。条件成熟时，可提请全国人大出台符合我国国情的《涉税信息资料报告法》，逐步使我国的涉税信息采集工作纳入法制化轨道。

当然，在立法完成之前，积极拓宽数据采集渠道是大企业涉税管理信息化建设迫在眉睫的紧要任务。大企业信息数据量大、面广、散落、碎片化，但也有完整、渠道多、规范和常态化等特点，我们应该在税务机关现有数据的基础之上，借助"互联网＋税务"的各类平台和政策，加强与有关部门、社会组织、国际组织的合作，拓展共享数据范围，充分利用数据共享内容。例如，国地税合并后纳税人基本信息、申报和发票等数据，政府部门社会信用、宏观经济、税源管理等涉税信息。

加强税务干部对数据信息的理解和处理能力，实现数据的深度增值应用，提高税收治理能力。同时，积极推进数据开放，通过互联网渠道逐步向社会开放税务部门非涉密脱敏数据信息和部分业务系统数据查询接口，与各类主体分享税收大数据资源，促进信息共享的交流合作。

2. 积极探索，推行可扩展商业报告语言

大企业涉税资料繁杂、范围宽广，搜集成本十分高昂且滞后性明显，所以在统一技术规范的基础上，XBRL 在涉税范围的推广和使用将实现涉税信息的制作、收集、传输、发布和分析利用，从而降低涉税信息利用成本，提高信息的准确度和利用率，大幅度提高涉税信息处理的电子化、自动化、网络化水平。利用 XBRL 标准化数据，很多发达国家实现了企业涉税风险的自动筛查。

积极探索我国大企业使用 XBRL 格式上报涉税资料的可行性和具体途径，并推动相关项目的进程，是大数据时代下税务机关数据管理建设飞跃的一块基石。

3. 搭建平台，加强数据整合和利用

关于大数据时代海量的大企业信息如何处理，国外有很多成熟的做法，我国税务部门同样在信息化建设方面进行了大量的投入和探索，但依然存在数据集中度不高、数据比对和分析功能不强及风险分析模型欠缺等问题，大量有价值的信息（比如金税工程发票信息和出口退税信息等）被相关部门垄断，并没有很好地进行综合运用。

借鉴国外的成功经验，在搭建我国"千户集团"税收风险分析数据平台时，可以考虑以下做法：一是整合外部信息资源，参考 ATO 数据仓库的方式，将行业协会、银行保险、政府机关等第三方数据抓取进信息化分析系统，通过网络爬虫等方式搜集和整理相关大企业的互联网信息；二是整合内部信息资源，对企业申报信息、财务报表信息、金税工程发票稽核系统信息和出口退税信息等进行整合，使之可被方便地查询和使用；三是构建分析比对的辅助模型，对一些固有风险指标进行比对和分析，辅助分析人员发现潜在涉税风险；四是建立集税收分析、纳税服务、风险管理、知识管理于一体的大企业税收管理平台，真正实现大企业税收管理的信息化、职能化。

4. 设立目标规划，将信息化建设贯穿风险管理始终

近期，要加快构建大企业"一户式"信息库，完善大企业税源管理体系，加强税源数据整合，把分散于各应用系统的数据抽取集中起来，并定期将各省级数据处理中心的数据抓取到国家税务总局税源管理系统中，形成大企业"一户式"信息库。在此基础上，研究建立类似美国 DAS 系统的、适合我国大企业税收管理体制的"风险过滤器"，基于"一户式"信息库基础数据进行风险识别，对企业税法遵从度的评价范围从现有的企业申报纳税数据逐步延伸到企业财务信息和第三方信息等。

当然，在企业集团组织架构梳理方面，我国的名册管理格局更加深远，应坚持这一工作方向，由大企业名册管理专项部门负责根据千户集团名册绘制企业集团树状组织架构图。这一方面是从全局角度对集团企业进行整合管理，掌握管理方向上的主动权；另一方面也是实时监控企业，防止其通过设立信托基金、控股公司等方式逃避纳税义务。

在长期，依托全国税务系统整体信息化建设规划，实现与"金税三期"的无缝对接，利用"金税三期"中的核心业务功能满足大企业现代化管理需求，使大企业税收信息化建设在统一框架下顺畅运行。至2020年，争取实现"互联网＋税务"应用全面深化，各类创新有序发展，管理体制基本完备，分析决策数据丰富，治税能力不断提升，智慧税务初步形成，基本支撑税收现代化。

延伸阅读

长虹"税务云"：让想象成为现实[1]

"税务云"是四川长虹电器股份有限公司（以下简称长虹）通过信息化手段开展税收管理的一种新方式。这种新方式的显著特点，就是对形成公司税收结果的各类业务信息开展事前的规则设计和系统流程嵌入，根据内部嵌入的标准及规范，在业务流程及会计处理过程中实时将业务及会计信息翻译为税务信息，实现了涉税信息的管理自动化与精细化。通过"税务云"，可以随时自动出具纳税申报表，动态掌握企业需缴纳税收状况，实现了所有企业涉税业务云端自动化完成，并且能为企业税务风险管理提供有效支持。"税务云"就像一个税务管理的"最强大脑"。

借助"税务云"，即便涉及一些复杂的税收政策，也不会影响纳税申报表的自动形成。举例来说，固定资产折旧会计上和税法上的处理差异非常大，还存在加速折旧等特殊税收优惠政策，对于资产项目比较多的企业来说非常复杂。对此，"税务云"可以按照税法基本规定及税收优惠政策适用选择条件，通过自动化台账处理功能，自动将会计折旧数据重新按税法规定计算，自动输出相应的企业所得税纳税申报表。以前长虹的财务人员每个季度都需要花几天时间整理数据，完成繁杂的台账数据处理工作。现在，无须人工介入即可随时自动运行完成，大大提高了申报效率。

---

[1] 张凯. 长虹"税务云"：让想象成为现实[N]. 中国税务报，2016-01-22.

借助"税务云",税务风险管理实现了有的放矢。根据公司内部控制环节,四川长虹将审核、审批环节节点嵌入企业信息系统管理流程,实现自动化的涉税流程控制,便于过程跟踪及检查,保证了内控制度执行的有效性。同时,流程审批还并入移动终端,实现了随时随地处理涉税管理流程,也解决了内部管理的时效问题。

目前,长虹"税务云"已经成为集多种税务管理功能于一体的税务管理平台和税收政策服务平台。其中,税务管理平台包括税务申报数据源管理、纳税申报表自动生成、申报流程内控管理、缴税信息自动记账及归档、纳税分析报表自动生成等功能;税收政策服务平台则包括税收政策信息库共享、财税政策"及时送"、问答平台、特殊商务模式涉税业务决策模型运用等功能。

税收信息化,税企双方的"减压工厂"

对于企业和税务机关而言,"税务云"就像是一个"减压工厂",大大减轻了工作压力。随着"税务云"的推广,前期靠手工处理的纳税申报表生成、国内外增值税发票校验、税务会计处理等涉税操作和管理事项实现了自动化,有效地降低了相应环节的人工成本,提高了工作效率。现在,四川长虹旗下近70家子公司的发票购置及开具、纳税申报、税款缴纳、税务备案及各类信息报送等日常涉税事项处理用上了"税务云",整个集团的工作只要7个人就可以全部完成。

随着税收信息化的推进,税务管理平台的投入使用,极大地解放了基础涉税操作人员和税务管理人员的劳动力,使得他们从重复的数据处理、整理中脱离出来,投入更多的精力去进行政策研究、数据挖掘和分析,更能够从商业模式调整等宏观角度来合理设计公司业务,优化税收结构,实现价值创造。通过这些高附加值的工作锻炼,有效地帮助税务管理人员提升工作能力、积累专业经验,更有利于其个人职业生涯发展。

双向信息化将是税企一致的选择

正如四川省国税局大企业税收管理处副处长何东所言,无论从企业的角度看,还是从税务机关的角度看,长虹"税务云"都具有推广价值。长虹"税务云"是一项重要的创新,不仅通过财务数据共享实现了涉税事项的高效处理,而且把跨区域、跨部门、跨行业各个分支机构分散的税务事项上收到总部由高素质专业化团队集中管控,实时跟进税收政策调整,动态掌握集团税收状况,税收处理内控机制严谨、追溯便捷,有效防范了集团税务风险。希望更多的大企业集团关注、借鉴长虹"税务云"的模式和理念,通过集团化的财务数据共享和税务事项集中处理,解决分支机构税务管理各自为战、财会人员素质参差不齐、管理粗放、难以有效防控税务风险的问题。

同时,"税务云"为大企业税收管理服务创造了便利条件。借助企业集团的数据共享和集中管理,税务机关与企业集团对接,重点关注其税收处理的业务规则就可以快速查找税收风险,税收管理半径就可以覆盖到集团范围内的所有成员企业。这样,既可以减少对成员企业正常经营的打扰,又有助于破解跨区域经营大企业税收管理的难题。值得一提的是,通过对企业集团的税收政策专题解读和税收争议问题的协调处理,可以更高效地实现税收政策适用确定性和执行统一性,优化大企业个性化服务。

TAX OF LARGE BUSINESS
TEN YEARS OF RESEARCH ON
Basic Challenging Problems

第8章　国际税收

8.1　大企业管理和国际税收管理高度融合成趋势

观察世界各国大企业税收管理发展历程可以发现，随着经济全球化的加速，大多数国家将大企业税收管理与国际税收管理紧密相连，主要发达国家的大企业税收管理部门都特别重视跨国大企业集团的税收服务与管理。据 OECD 2013 年 5 月发布的资料，在被调查的 52 个国家中，有 85％的国家已经成立专门的大企业税收管理部门，并将大企业管理和国际税收管理高度融合。

1994 年，澳大利亚设立大企业与国际税收管理局，这是世界上首个大企业税收专门管理机构。澳大利亚联邦税务局（ATO），下设五大业务板块，分别是客户业务、法律业务、纳税服务、信息技术和行政事务。客户业务板块下的上市公司和国际税收管理部门（PG&I）负责所有上市公司和跨国企业的税收事务以及 ATO 的国际战略，是负责澳大利亚大企业纳税人税收遵从服务和管理的部门。

20 多年来，随着澳大利亚国内外税收环境的变化，LB&I 的职能、业务范围和机构设置等也不断调整。2013 年，ATO 对大企业税收管理部门进行了重大调整，将 LB&I 调整为 PG&I，增加了新的业务领域，以应对 OECD 提出的税基侵蚀和利润转移（BEPS）问题。ATO 根据重要风险和容易出现税收风险的行业，形成大企业风险和行业模型来确定企业的具体风险。大企业需要处理的重要风险包括利润转移、并购、财务、资本利得、研发、损失率、信托和备案等。在 12 项重大风险中有 3 项涉及国际税收风险，具体包括：激进的避税历史；无法用商业理由来解释的复杂的集团结构；关联方交易。[1]

1998 年，美国国会通过《联邦税务重构与改革法》（IRS Restructuring and Reform Act of 1998），规定了美国国内税务局的新的结构形式。业务部按照纳税人的特点而设立，改变了以前按照经济区域设置大区办公室的做法，以求为相同类型的纳税人提供均等的服务。IRS 分为以下四个部门：薪金与投资所得管理局、小型和自雇企业管理局、大中型企业管理局以及免税组织与政府机构管理局。大中型企业税收管理局按行业设立分局，对资产超过 1 000 万美元的

---

[1]　赵艳清. 澳大利亚的大企业税收风险管理［J］. 国际税收，2016（9）.

大中型企业实施管理。2010 年 IRS 将其他三个管理局的国际税收业务统一归口到大中型企业税收管理局，并于同年 10 月 1 日将大中型企业税收管理局更名为大企业和国际税收管理局，进一步将行业管理与区域管理相结合。大企业和国际税收管理局（LB&I）总部设在华盛顿特区，内设 8 个部门，下设 6 个专业化分局，对全美范围内的大企业实行分类管理。[1]

法国大企业税收管理受单一制和中央集权传统影响。法国是实行中央集权型税收管理的典型国家，法国的税收征管机构经历了多次改革。2002 年，法国成立了大企业管理署和国家国际审计署，开始对大企业进行专业化管理。2008 年 4 月，法国整合了原公共税务总署 DGI 和公共会计总署 DGCP 的税收职能，成立了隶属于经济财政工业部的公共财政总署，并下设大企业纳税办公室、国际国内税收审计办公室和全国税收调查部，对大企业纳税人实行分类管理。[2]

8.2　我国大企业国际税收服务与管理的探索[3]

我国在大企业税收管理实践中，也比较重视对大企业税收管理与国际税收管理的融合。

2009 年，国家税务总局选择 45 户大企业集团作为首批定点联系企业，其中包括 10 户跨国企业集团。跨国、跨区经营成为衡量大企业的重要指标，由大企业管理司直接组织实施相关税收管理与服务工作，大型企业集团的国际税收业务从国家税务总局大企业司成立之初已经列入大企业税收服务与管理的范围。

2013—2014 年，国家税务总局先后组织各地对中国烟草等 3 户总局定点联系企业以及中国石油天然气集团等 8 户企业集团按照企业自查、风险评估和初审、税务审计、总结反馈等阶段逐一开展全流程税收风险管理专项工作，其中就包括国际税收业务。通过此次全面体检，掌握了相关集团企业及其行业的经营特点、建立了行业税收风险特征库。

---

[1]　李岩. 美国大企业税收管理模式及其启示 [J]. 涉外税务，2011（6）.
[2]　全国税务领军人才法国大企业税务管理课题组. 法国大企业税收税收管理制度及启示 [J]. 国际税收，2017（3）.
[3]　刘磊. 征管改革中的中国大企业税收管理 [J]. 国际税收，2016（9）.

2014年，以王军局长提出的"精确制导"为目标，对部分企业集团股权转让、跨境投资和关联交易等重大事项开展分事项专项风险分析工作。在国家税务总局统一部署下，各级税务机关通力合作，在一些大企业开展了分事项风险管理工作，以股权转让、跨境投资和关联交易等企业重大事项税收风险为对象，在统筹开展风险识别和等级排序的基础上，区分不同事项制订专门的税收风险管理工作指引，为各级税务机关指明风险应对的方向、重点和方法路径，帮助各级税务机关精确制导。2014年的分事项风险管理工作中，江苏省国税局和地税局联合开展股权转让专项审计，共补征税款11.76亿元；四川省国税局关注股权转让事项税务风险，确定某企业在股权转让过程中需补缴税款近1亿元。

2015年，国家税务总局将大企业服务范围从45户定点联系企业扩大到年入库税款超过3亿元的企业或企业集团，全国1069户企业或集团（简称千户集团）纳入总局大企业服务与管理范围。随着国家"一带一路"战略的推进，千户集团工作的深入开展，大企业对国际税收服务与管理的事项越来越复杂，国际税收领域的个性化服务需求越来越多，大企业对国际税收服务与管理的需求与当前大企业和国际税收管理部门机构不对称的矛盾更加突出。

2015年，中办、国办印发《深化国税、地税征管体制改革方案》，从顶层设计上对大企业税收服务与管理改革进行了部署，提升大企业税收管理层级，对跨区域、跨国经营的大企业，将其税收风险分析事项提升至税务总局、省级税务局集中处理，将分析结果推送相关税务机关做好应对。在风险推送过程中，国际税收方面的税务风险依然是重要的内容之一。

我国大企业的税收服务与管理由于国家税务总局职责分工，一直处于大企业税收管理司与国际税务司的双重交叉管理中。根据职责分工，大企业税收管理司是国家税务总局主管大企业税收服务和管理的职能部门，主要承担大企业税收风险分析、税收经济分析和税源监控工作职责；指导税务系统大企业税收风险分析应对工作；组织开展大企业个性化纳税服务；指导海洋石油税收管理业务。国际税务司是国家税务总局主管国际税收、国际税务合作交流和外事工作的职能部门，主要职责是：研究拟订国家（地区）间反避税措施，组织实施反避税调查；参加国家（地区）间税收协议、协定谈判，承办草签和执行有关协议、协定等工作；承办与国际机构、国家（地区）间税务机关的合作与交流业务；管理总局机关和国税系统外事工作。

8.3 新时代的大企业国际税收服务与管理

8.3.1 BEPS行动计划引领国际税收进入新时代[1]

税基侵蚀和利润转移（BEPS）指利用各国间税制差异的漏洞和错配而制定税收筹划策略，其目的是为取得税收优待而人为减少利润或者降低集团整体税负而将利润转移至极少甚至根本没有经济活动实质的低税率地区。

伴随着数字经济和经济全球化的发展，跨国企业不断寻求新的税收筹划空间和国际税收管理漏洞，以降低集团整体税负。跨国企业位于低税率国家的关联企业所申报的利润率，几乎是其全球集团利润率的两倍，BEPS已经造成严重的经济扭曲。特别是发展中国家，对企业所得税的收入依赖性更强，因此，BEPS对发展中国家的影响比发达国家更为深远。BEPS给各国税务机关的税源管理带来了前所未有的挑战。

据不完全统计，BEPS导致的企业所得税流失可能占到全球企业所得税总额的4%~10%，即每年达到1 000亿~2 400亿美元。许多发达国家在经济全球化下本国的经济转型过程中出现了税收收入无法与财政支出相对应的问题，普遍出现严重赤字，甚至财政破产；国内税收资源的萎缩和变化使发达国家更加关注境外税收及其税收流失问题；继1998年和2008年的反有害税收竞争活动之后，OECD成员国自2012年起把如何应对税源流动和税基变化正式提上议事日程，并起名为"BEPS行动计划"；2013年2月OECD公布了BEPS研究报告并取得G20各国政府的支持；2013年7月OECD发布了针对BEPS的15项具体应对行动；2014年9月16日，OECD向全球发布7项行动计划报告；2015年10月5日，OECD向全球发布其余8项行动计划报告。BEPS行动计划按约束力强弱分为三个层次：最低标准、共同方法、最佳实践。最低标准主要包括四项：防止税收协定滥用、防止有害税收竞争、转让定价国别报告和争端解决等。

为在全球范围内构建公平的、现代化的国际税收体系，广泛、持续地落

---

[1] 郝昭成. 国际税收迎来新时代［J］. 国际税收，2015（6）.

实行动计划是确保 BEPS 项目取得成效的关键，特别是在跨境税收裁定的情报交换方面。因此，OECD 积极敦促按时落实 BEPS 项目，并鼓励包括发展中国家在内的所有国家和辖区参与，IMF、OECD、联合国和世界银行为感兴趣的发展中经济体提供适当的技术援助，帮助其应对国内资源动员方面的挑战，也包括 BEPS 方面的挑战，支持提高发展中经济体在国际税收议程中的参与度。

表 8-1　　　　　　　　　BEPS 15 项行动计划的主要内容

类别	行动计划
应对数字经济带来的挑战	1. 应对数字经济的税收挑战
协调各国企业所得税制	2. 消除混合错配安排的影响　3. 制定有效受控外国公司规则　4. 对利用利息扣除和其他款项支付实现的税基侵蚀予以限制　5. 考虑透明度和实质性因素，有效打击有害税收实践
重塑现行税收协定和转让定价国际规则	6. 防止税收协定优惠的不当授予　7. 防止人为规避构成常设机构　8—10 无形资产转让定价指引
提高税收透明度和确定性	11. 衡量和监控 BEPS　12. 强制披露规则　13. 转让定价文档和国别报告　14. 使争议解决机制更有效
开发多边工具促进行动计划实施	15. 制定用于修订双边税收协定的多边协议

2013 年，随着"BEPS 行动计划"的启动，国际税收开始了重塑，结束了自 1923 年以来国际税收广泛适用了近百年的旧规则，国际税收迎来了新时代。国际税收新趋势可以概括为四大新变革，即：

——国际税收实体规则重塑。由"限制来源国征税权，促进跨境投资"的百年通用的国际税收实体规则，转变为强调经济活动发生地与价值创造相匹配的新规则；

——间接税税制纳入国际税收协调领域。为了推进国际跨境贸易的中性，消除增值税对跨境贸易的扭曲，同时也为了有效防止各国政府财政收入的流失，OECD 制定了《国际增值税（货劳税）指南（2014）》（以下简称《增值税指南》），标志着增值税原则的适用范围扩大到跨境贸易，意味着间接税国际税制协调迎来了新变革。

——税收透明度强力"穿透"。美国《海外账户税收遵从法案》（FATCA）于 2014 年 7 月 1 日生效，要求所有美国本土以外的金融机构必须报送特定美国账户持有人的账户信息，否则将对这些金融机构来源于美国的所得征收 30% 的惩罚性预提税，截至2014年12月，共有112个国家同美国正式签署或草签了相关跨政府协议。与FATCA法案相呼应，OECD受G20的委托制定了《金融账户涉税信息自动交换标准》（CRS），近百个国家或地区承诺于2017年或2018年实施。FATCA和CRS的推行，"穿透"了税收透明，强健了反避税根基。

——税收保密时代一去不返。税收信息保密主要体现在金融信息保密，其关键角色是瑞士。《银行保密法》是瑞士银行的护身符，但这个"桥头堡"也被彻底攻下——2014年，瑞士信贷银行承认美国司法部对其帮助美国客户逃税罪行的指控，同意支付约25亿美元罚款作为和解协议的一部分。这是近20年来首家承认刑事指控的跨国大型银行，具有极强的指向意义，标志着国际税收再无保密禁区，税收保密时代一去不返。

8.3.2 我国大企业税收管理在国际税收领域面临的挑战

应当明确的是，由于国际税收规则的改变，未来我国大企业在国际税收方面将面临更多的不确定性。

1. 全球税改带来的不确定性

美国总统特朗普2017年12月22日在白宫签署的《减税和就业法案》于2018年1月起正式实施。美国国会参众两院2017年12月20日通过了自1986年以来美国最大规模的税改法案，税改方案把美国企业税降到21%，低于绝大多数OECD成员水平。一方面，税改将会降低企业在美国投资的成本，提升美国投资环境的国际竞争力；另一方面，个人所得税的下降将会刺激美国的国内消费，对经济的拉动作用将会弥补美国政府短期内因减税而产生的赤字。美国税改将会引起世界范围内的竞争性税改，2018年或成"全球税改年"。正如财政部副部长朱光耀在凤凰网财经峰会上所说，"全球最大经济体税收政策的调整的外溢性影响不可忽视"。

2017年4月28日《人民日报》报道，从他国视角看，美国减税实际上就是在挑起税务战。作为反应，一些有实力的国家会加入这场竞争，或竞相减税，或以邻为壑，或设立避税天堂。目前，这一迹象在英、法等发达国家已露端倪。这样做不仅会使国际税收秩序陷入混乱，更会使业已形成的G20等国际经济政策协调框架下的《BEPS行动计划》等反国际税收恶性竞争成果缩水。此外，美国税改将使部分无力搞税收竞争的出口导向型国家直接受损。国际税收的竞争给跨国大企业面临的宏观经济环境和政策环境带来许多不确定性。[1]

2. 国际税收规则改变带来的不确定性

国际税收协定在国际税收征管合作中发挥着重要作用。弥补了一国国内税法单边解决国际重复征税不足的缺陷；兼顾了居住国与来源国的税收利益，确保避免双重征税机制得以长期有效落实；推动国与国之间的协调配合，共同打击跨境逃、避税行为。随着经济的发展，旧的国际税收原则已不适应经济的发展，国际税收规则从常设机构征税原则转变为强调经济活动发生地与价值创造相匹配的原则征税。截至2016年6月，国际上已有3 400多个双边税收协定，预计到2050年，全球将有1.6万个双边税收协定，国际税收协定已成为调节国家税收关系的重要工具。[2]

2017年6月7日，中国国家税务总局局长王军代表中国政府在法国巴黎签署《实施税收协定相关措施以防止税基侵蚀和利润转移的多边公约》（以下简称《公约》）。此次包括中国在内的67个国家和地区成为《公约》首批签署方。《公约》旨在将国际税改BEPS项目的成果应用于全球3 000多个税收协定中，在为具体税收协定政策提供灵活性的同时，执行最低标准防止协定滥用，并改进争议解决机制。另外，《公约》也将使各国政府可以通过BEPS项目所制定的其他税收协定措施来完善本国的税收协定。[3]

《公约》是第一个在全球范围内就跨境所得税收政策进行多边协调的法律文件，在经济全球化和生产要素全球配置的条件下，为促进世界经济合作、防止跨境逃避税提供了多边税收合作法律框架，有利于促进主要经济体之间协调一致，既能应对税基侵蚀和利润转移，保护国家税基安全，又为多边税收合作提供法律框架，为跨境纳税人提供税收确定性，增进跨国投资者的信心，开展务实高效合作，构建公平和现代化的国际税收体系，促进世界经济包容性增长[4]，

---

[1] 魏亮. 美国税改，谁是赢家[EB/OL]. http://opinion.people.com.cn/n1/201.
[2] 朱青. 国际税收（第七版）[M]. 北京：中国人民大学出版社，2016.
[3] http://finance.sina.com.cn/roll/2017-06-09/doc-ifyfzhac0651864.shtml.
[4] 廖体忠. 国际税收协调的又一里程碑[J]. 国际税收，2017（6）.

实现了国际税收合作的多重目标。

《公约》的签署将使全球3 000多个税收协定网络中的超过1 100个税收协定被更新,中国目前已签署了105个税收协定,拥有仅次于英国和法国的世界第三大税收协定网络。第一轮更新将针对中国签订的49个税收协定,之后有可能升至55个,尽管中国一直在持续不断地更新其已签署的税收协定并升级其中的条款,但此次通过多边工具对其签署的协定同步进行更新,仍是一项十分重大的变革。除了未签署《公约》的美国,这些税收协定涵盖了中国大部分的贸易和投资伙伴。新税收协定规则的生效也将对与中国开展跨境贸易的大企业产生重大影响。

3. 转让定价规则变化带来的不确定性

2017年4月7日,在纽约举行的联合国经济和社会理事会国际税务合作特别会议上,联合国正式发布了2017年版《发展中国家转让定价操作手册》。该手册包括四部分内容及一个词汇表,增加了"集团内劳务"、"成本分摊安排"和"无形资产处理"等三个章节的内容,在"国别实践"一章中增加了墨西哥;同时借鉴BEPS行动计划成果对同期资料文档、可比性分析及转让定价方法等内容进行了修订。

2017年7月10日,OECD发布《2017年跨国企业和税收管理最新转让定价指引》,这是继联合国2017年发布《发展中国家转让定价手册》(第二版)后国际税收领域的又一重要事件。该指引整合了BEPS项目带来的最新变化,在2010年版的基础上进行如下修订:引入2015年BEPS最终报告第8~10项行动计划《确保转让定价结果与价值创造相匹配》以及第13项行动计划《转让定价文档和国别报告》中的重要修订内容;对于转让定价指引第九章企业重组有关内容的修订;以及对于转让定价指引第四章安全港有关内容的修订,承认了设计合适的安全。

新指引涉及大量海外无形资产转让定价问题,包括专利、著作权、商标以及商业秘密。指引中提到无形资产转让定价需要政府建立公平交易环境,税务机关应正确界定经济价值、确定无形资产的持有人和受益人以及跟踪定价情况。OECD表示,在无形资产使用或转让时,需要了解跨国企业全球业务、无形资产的使用情况以及在整个供应链中的价值;其次,找到企业利用无形资产的盈利点至关重要;交易过程包括首先明确所处置的无形资产、合同条款与事项、当事人双方义务与权力、交易的种类以及确定公平的价格。

集团内劳务转让定价是继有形资产和无形资产转让定价之后国际反避税领域的新热点。部分发达国家早在 20 世纪末就高度关注集团内劳务转让定价问题，并通过了相关立法。2003 年的一项调查表明，跨国公司实际接受各国税务机关审计的交易类型中，服务的转让定价审计比重达 29%，仅次于有形商品销售（37%），排在无形资产（14%）、公司间融资（9%）及技术的成本分摊协议（5%）之前。

近年来，随着跨国集团在华产业链的重组，集团内劳务转让定价问题亦受到我国税务机关的重视。在全球化浪潮中，集团内劳务交易日益成为跨国企业经营的重要组成部分，并呈现出劳务提供主体多元化和劳务内容多样化的特点。集团内劳务的转让定价问题已经成为国际税收领域的新热点。在国内税收层面，集团内劳务经常与有形财产或者无形财产的关联交易相联系，界限难以准确划定；特别是当劳务交易包含创造无形资产的因素时，由于两类交易的预期回报不同，税企容易产生分歧。在国际税收层面，一方面，跨国企业可能利用各国税制差异，以集团内劳务为载体，进行激进的税收筹划；另一方面，跨境劳务费的收入确认与费用扣除事关劳务提供方与劳务接受方所在国的税基，相关税务当局在服务是否提供及其定价是否符合独立交易原则方面常有争议，由此也可能造成纳税人双重征税等问题。[1]

新业态、新问题、新热点的出现带来了转让定价政策的变化。OECD 是当今全球税收规则研究和制定的最主要的国际组织，其公布和不定期更新的转让定价指南虽无正式的法律效力，但为多数国家所遵循。美国拥有最多的跨国集团母公司，是国际反避税领域的重要国家，颁布了专门的集团内劳务转让定价规则。《2017 年跨国企业和税收管理最新转让定价指引》及美国集团内劳务转让定价规则的颁布，给各国转让定价政策的变化提供了指南和建议，世界各国转让定价政策及我国国内转让定价政策的调整无论对我国"走出去"大企业还是国内的大企业都存在一些不确定性和挑战。

8.3.3 我国大企业税收管理在国际税收领域面临的机遇

党的十八大以来，国家税务总局以推动构建新型国际税收关系为己任，全

---

[1] 毛杰. 集团内劳务转让定价的税务问题初探[J]. 税务研究，2016（4）.

力服务国家"一带一路"发展战略,大力推进国际税收合作,为开展国际税收征管协作提供了难得的历史机遇。党的十九大做出了中国特色社会主义进入新时代的重大政治判断,中央经济工作会议进一步做出了我国经济已由高速增长阶段转向高质量发展阶段的重大战略论断。税务部门不仅要持续推进税收现代化,而且要高质量推进新时代税收现代化。

2017年12月,为了进一步落实《深化国税、地税征管体制改革方案》,深化税务系统"放管服"工作,国家税务总局决定将年纳税额1亿元以上企业纳入千户集团,由省(自治区、直辖市)税务机关大企业管理部门比照千户集团服务与管理模式实行统一管理;在国际税收方面,2018年国家税务总局将以更大力度支持"一带一路"建设,加快与重点国家税收协定的谈签和修订,开展国际税收交流,积极支持"走出去"和"引进来"。这意味着大企业与国际税收协同合作的面更广,深度融合的需求更多。

1. "一带一路"战略带来的机遇

随着"一带一路"战略的推进,拓展海外业务的"走出去"大企业将不断增多,针对中国大企业的国际税收事项将会呈现井喷式增长。商务部官网统计数据[1]显示,2018年1月,非金融类对外直接投资涉及国家99个,企业955户,金额达108亿美元,同比增长39.7%。在此大背景下,开展国际税收征管协作,加快税收协定的谈签与修订,一方面为"走出去"企业提供更多的税收优惠,促进更多的企业到海外投资,服务经济发展;另一方面,通过深化国际税收征管协作,加强与有关国家双边磋商,切实保护"走出去"企业的税收权益,给大企业国际税收服务提供了历史的机遇。

2. 国际税收征管合作带来的机遇

2013年8月27日,经国务院批准,国家税务总局王军局长代表我国政府在法国巴黎经济合作与发展组织总部签署了《多边税收征管互助公约》。我国签署了《多边税收征管互助公约》,成为该公约的第56个签约方,并于2015年7月1日由第十二届全国人民代表大会常务委员会第十五次会议批准。2015年10月16日,我国向OECD交存了该公约的批准书。根据该公约第二十八条的规定,该

---

[1] http://data.mofcom.gov.cn/tzhz/fordirinvest.shtml.

公约将于 2016 年 2 月 1 日对我国生效，自 2017 年 1 月 1 日起开始执行。[1]

该公约主要有三个方面的内容：第一，保持跨国税务处理的大体一致；第二，制定账面利润与实际经营获利的核定原则；第三，尽可能增强国家间的税务信息透明。这是国际税收协调的必要行动，一方面，有利于维护正常国际经济秩序的基础；另一方面，也是维护各国税收主权的具体行动。《多边税收征管互助公约》的签署，标志着我国税务领域的国际合作进入了新阶段。税务信息交换和反避税将成为未来国际税收征管新体系的核心，也势必对未来我国跨境大企业的税收征管和企业行为产生多重影响。对于跨国税收征管中的税务信息缺失、征管条件限制及处置效率不高等难点问题，该公约将有比较明确和具体的国际通行处理方式，这也将有利于减少跨境大企业的税务争端，提高征管效率，在一定程度上解决跨境税收管理的不确定性和不精准性问题。

3. 国际税收情报交换带来的机遇

鉴于全球化在国际税收领域引发的新挑战，以及避税港和有害税收优惠制度人为地扭曲资金的流向、损害税制结构的统一和公平、不利于纳税人自觉依法纳税等问题，OECD 财政事务委员会在 1998 年提交了题为"有害税收竞争：一个新兴的全球性课题"的研究报告，首次提出了有效的税收情报交换的概念。

近年来，各国政府高度重视国际反避税行动，尤其在 2008 年经济危机后。经济不景气造成财政收入减少，进一步促进各国开展国际反避税行动。2010年，美国率先颁布了《海外账户税收遵从法案》（FATCA），要求海外金融机构为其提供美国纳税人的资产信息，以便全球征税。FATCA 成功实施后，其他国家政府纷纷推出相似措施，开启全球范围的联手反避税行动。2014 年，OECD 受 G20 的委托发布《金融账户涉税信息自动交换标准》（AEIO 标准），用于指导参与司法管辖区定期对税收居民金融账户信息进行交换。标准由两部分组成：主管当局协议（CAA）和通用报告准则（CRS），主要规定金融机构对外国税收居民的个人和企业金融账户信息进行收集和报送的相关要求及程序。[2]

截至 2016 年 10 月 20 日，OECD 公布了第一批承诺将从 2017 年或 2018 年

---

[1] http://www.chinatax.gov.cn//n810341/n810755/c2004626/content.html.
[2] 李旭红，刘锋. CRS 对全球资产配置的影响 [J]. 国际税收，2017（2）.

9月开始按OECD倡导的通用报告标准（CRS）在税务当局之间自动交换金融账户信息的101个国家和地区（管辖区），以及这101个管辖区签署的"多边当局协议"（MCAA）所形成的1 000多个相互自动交换信息的双边（协定）关系名单。[1]

4. 我国国内改革带来的机遇

反洗钱、反恐怖融资、反逃税（以下统称"三反"）监管体制机制，是建设中国特色社会主义法治体系和现代金融监管体系的重要内容，是推进国家治理体系和治理能力现代化、维护经济社会安全稳定的重要保障，是参与全球治理、扩大金融业双向开放的重要手段。为深入持久推进"三反"监管体制机制建设，完善"三反"监管措施，国务院办公厅发布相关意见，要求深度参与二十国集团税制改革成果转化，积极参与国际税收规则制定，积极发出中国声音，提出中国方案，贡献中国智慧，切实提升中国税务话语权。同时，加强双多边税收合作，充分发挥国际税收信息交换的作用，提高税收透明度，严厉打击国际逃避税，充分发挥反逃避税对反洗钱的积极作用，同时运用好反洗钱机制，不断提高反逃避税的精准度。[2]

8.4 加强我国大企业国际税收服务与管理的对策与建议

1. 推进大企业和国际税收管理部门的职能整合

当今世界，跨国大企业的恶意税收筹划全球性蔓延，直接威胁着我国的税基安全，大企业税收风险主要表现在关联交易、资本弱化、利用避税地避税、转让无形资产和特许权、企业分立合并重组、大规模交易或业务处理的操作性风险等方面，这些风险往往涉及多个关联企业、多个税收管理部门、多个国家。传统的粗放式管理已经难以应对大企业跨企业、跨地区、跨国家的税收风险管理，大企业在关联交易和税收筹划过程中税收风险大为增加，大企业部门对关联交易税务风险管理的需求越来越多对我国反避税工作提出了新的挑战。借鉴

---

[1] http://www.chinatax.gov.cn/2013/n31886/n37074/n37075/c2525318/content.html.
[2] http://www.gov.cn/zhengce/content/2017-09/13/content_5224805.htm.

国际经验，OECD 成员国大多由一个部门负责大企业和国际税收的服务与管理，在风险排序中，美国将跨国集团的转让定价风险列为最高等级风险，澳大利亚税务机关将转让定价风险作为重要风险事项进行提醒，并由专业化团队进行服务与管理。

随着我国"一带一路"战略的实施，一方面国际税收部门对这些"关键少数"进行了重点服务与管理；另一方大企业司也通过风险系统和经济分析工具，加强对千户集团跨国企业的税源监控、税收风险分析、税收经济分析及风险应对，国际税收部门作为重点服务对象提供专业化服务；大企业部分将其作为重点对象进行分析和特殊事项管理，在服务对象、服务手段、服务策略上难免出现重叠和交叉，建议从顶层设计上加强大企业和国际税收业务的整合，协同治理，规范对大企业的国际税收服务与管理，既扶持"走出去"企业增强国际竞争的能力，抢占国际市场，又避免跨境企业集团利用恶性的税收筹划等手段进行偷逃税，侵蚀我国的税收利益。

2. 以跨境税源为中心，实施专业化服务与管理

大企业税收管理是反映国际经济竞争的晴雨表，服务好跨境大企业税源管理，也就是服务好我国外向型经济的发展。由于跨境业务的专业性、特殊性、复杂性，建议整合大企业、国际税收、进出口税收管理部门，将税务内部信息和第三方外部信息及国际税收情报交换信息整合，集中纳入大企业风险管理系统，分行业、分事项建立税收风险工作指引和风险分析模型，探索行业税收风险管理规律和经验，把握跨境税源管理的主动权。

3. 以信息化为支撑推进大企业国际税收征管高效运转

国际税收管理信息化建设不仅是以税收风险管理为导向的税源专业化管理模式的要求，也是做好海量税收情报的交换和利用工作、提供工作质量和效率的客观需求。应以"金税三期"上线为契机，从征、评、管、查等税收管理环节，将国际税收征管协作的业务需求纳入"金税三期"工程统筹建设。以国家税务总局国际税收风险管理为主线，把企业所得税中的年度关联申报、国别报告、居民企业（含非境内注册居民企业）境外投资和所得信息报告、非居民税收风险管理、信息报告、代扣代缴申报、评估选案、"走出去"纳税申报、"走出去"企业的税收风险管理中的企业信息采集等工作纳入日常风险管理流程，为国际税收征管协作提供信息化支撑，提高国际税收专业化管理水平。特别是税收情报的接收、发送和收集、整理、比对等方面尽可能地由机器自动完成，把宝贵的人力资源集中到比对结果的分析和应对方面。

目前，国家税务总局国际税收司和大企业税收管理司已经推出了部分国际税收风险管理指引，今后还将陆续推出各类不同的风险管理指引。由于国际税收的风险管理需要大量真实、客观、及时的信息数据来支撑，通过推广这些业务指引和加强国际税收征管协作，可以进一步提升我国国际税收风险管理的绩效。整合各类国际税收的风险管理指引的信息，实行信息一体化共享，是信息化支撑国际税收征管协作高效运转推进必须解决的主要问题。

4. 创新海外大企业税收征管方式，保护中国税基安全

中国不仅已从资本输入国转变为资本输出国，而且正在从要素驱动型经济向创新型经济转变、从"世界工厂"向世界市场转变。经济新常态给国际税收征管带来了新挑战。中国税制要在不断完善中适应中国经济的转型，转变税收协定处理方式，以适应其由过去的收入"来源国"到既是"来源国"也是"居民国"身份的转变；要重新审视转让定价政策，确保这些政策既能有效解决对华投资中的转让定价问题，也能解决中国对外投资中的转让定价问题，特别是中国跨国公司长期以来形成的利用避税地做投资跳板涉及的转让定价问题。通过这些政策的调整，完善税制，提升中国企业的国际竞争力。

在国际税改的大背景下，传统避税地的国家和地区在信息交换方面也表现出较强的合作意愿。在开放的国际环境中如何保护我国大企业税基、减少税收争议，是大企业工作的重要内容。近年来我国加强了海外税收征管，获取税收情报的能力不断增强，在打击海外逃税方面取得了巨大成就，如与英属维尔京群岛和开曼群岛都签订了税收情报交换协议，实行了更加严格的中国居民企业认定标准，将一般反避税规定（GAARs）引入了近年来签订的税收协定。虽然如此，但我国与其他 OECD 国家在税收情报交换网络等方面仍存在一定差距。建议进一步采取措施，增强国家税务总局情报交换、税收协定执行能力、加强国家税务总局与相关政府部门合作，改善征管关系。

5. 建立专业化团队，持续促进大企业国际税收征管协作

随着未来国际税收征管协作的开展、税收信息和国际税收业务进一步向上级集中以及国际税收管理信息化的实现，县级税务局的职能应从实质性地完成国际税收征管协作任务，转向有效地协助、支持、配合上级税务局完成任务，例如零星税收情报的核实反馈工作。从远期看，涉及系统外部门的、复杂的国际税收征管协作工作或者批量化的国际税收情报交换至少应集中到省局。以千户集团为管理重心的大企业集团部分，更应在机构、人员配备上先行试点，通过专业化团队化信息管理，积累大企业国际税收征管协作的经验。

国家间的税务磋商也是国际税收征管协作中的重要环节。如何高效、快捷地解决国际税收相互磋商问题，提升国际税收征管协作的分量，现实考虑是完善有关专职机构、人员、业务流程等的职能配置、在业务管理上进行优化、加强。尤其需要在省一级主管税务机构配备有专门的机构和足够的人手来落实不断增加的国际税收磋商事项。随着"一带一路""走出去"战略的深入推进，"走出去"大企业的国际税务磋商需求会日益增加，大企业税收管理部门应顺势而为，同国际税务部门一起，共同关注国际税务磋商。

6. 加快大企业国际税收征管专业化人才队伍建设

国际税收管理事关维护国家税收权益和服务双向开放战略，不仅具有经济意义，而且具有政治意义。在 BEPS 行动的推进下，国际税收征管协作有了重大的发展，结合干部教育培训工作，建议分层次分专业地开展培训，适当加强大企业队伍中国际税收人才的"定向培养"，遴选具有一定税收管理经验、业务素质拔尖的干部，定期开展国际税收案件研讨；加强税务情报交换人员能力建设和税收情报分析利用交流，可以利用跨境税收培训及授权代表访问等机会，学习先进国家在税款追缴协助、文书送达的立法和征管实践，让税务干部既有理论上的知识储备，又有实战操作经验，为推动大企业税收管理率先实现现代化打下坚实的基础。

TAX OF LARGE BUSINESS
TEN YEARS OF RESEARCH ON
Basic Challenging Problems

第9章 人才建设

9.1 国外大企业税收管理人才培养、选拔与使用

发达国家税务局对大企业税收管理部门给予充足的人力资源保障,根据集中管理的大企业规模和数量,配备高素质的税收、会计、法律、审计、经济学、计算机等领域的专家型人才,负责处理大企业有关税务问题。在大企业税收管理人员配备方面,主要OECD国家大企业税收管理机构的全职雇员及其占税务机关总雇员的比重数据如下:澳大利亚891人,占比3.98%;加拿大1 366人,占比3.4%;法国800人,占比1%;爱尔兰237人,占比4%;荷兰750人,占比2.5%;挪威55人,占比0.75%;英国1 694人,占比45%;美国6 243人,占比6.6%。[1]

再来看国外大企业税收管理人才的构成。以美国为例,美国在1998年征管改革时,成立大中型企业局,后又与国际税收事务管理局合并,成立大企业和国际税收管理局(LB&I)。目前该局有6 240人,占国内税务局总人数的6.6%。其中:行政人员占总人数的10%,其余90%的人员都分布在管理一线即各个区域办公室。直接从事税务审计的人员达4 900人,占总人数的78.5%。

美国国内税务局职员级别共分15级,起点级别通常是3~5级,5~11级根据工作表现实行每年一次的免竞争晋升,12级、13级需要通过竞聘程序获得晋升。按照美国国内税务局的规定,达到12级才可以从事大企业和国际税收管理业务。目前,美国大企业和国际税收管理局13级以上的税务专员占总人数的75%以上。大企业税务专员主要负责税务报表核查和税务审计。美国大企业税收风险管理团队由多方面专家组成。美国在大企业税收风险管理中,将所有大企业分成5大行业,每个行业的专家团队有700~800人,其中查税员占69.4%,国际税务查税员占11%,工程师占6.5%,金融产品专家占5%,经济学家占2.4%,技术顾问占2.2%,电脑稽核专家占1.2%,其他专家占2.3%;澳大利亚大企业税收风险管理专家团队中,行业及特别顾问占57.4%,风险管理人员占19.3%,沟通与协调人员占7.2%,经济学家占2.4%,其他专家占13.7%;荷兰大企业税收风险管理专家团队中,管理人员、法律专家、财务方

---

[1] 数据来源:深圳市国税局课题组. OECD成员国大企业税收征管经验及其借鉴[J]. 涉外税务,2010(9).

面的信息技术人员、统计与审计人员、客户经理等占到62%，接受过中等教育的雇员占25%，行政类人员占13%。[1]

由于认识到了人才的重要性，各国税务机关都非常重视大企业税收管理人才的培养。比如，美国国内税务局首先确定了大企业税收管理人员应该具备的能力，然后据此制定培训计划并实施经常性培训，同时为税务人员提供学习机会，使其了解大企业的经营战略及变化；荷兰税收和海关总署经常组织大企业税收管理部门的雇员参加由高校教授、税务顾问及特大企业的执行总裁和财务主管担任主讲的培训，同时采取师徒教练、团队工作、职员轮岗的方式，保证有经验的工作人员不断向新手传授经验和心得，尽快让新手熟悉情况；加拿大税务局则启动了很多在职辅导和培训项目，专门为大企业税收管理人员服务，并向其提供一些资料，帮助其提高业务水平。

建立融经济分析、行业税收管理、国际税收管理、出口退税管理和数据统计分析于一体的专业管理团队，建立专门的全职能大企业税收管理部门。例如，国际货币基金组织2003年对47个国家所做的调查结果显示，设立大企业税收管理机构对加强大企业税收征管发挥了重要作用。巴西联邦税务局在里约热内卢和圣保罗建立了2个大企业税收管理分局，管理全国11 982户大企业，征收67%的联邦税收。

9.2　我国大企业税收管理人才队伍建设存在的问题

我国分区域、分税种、分业务，包干到户、责任到人的传统税收管理方式，与大企业税收管理需求并不相适应。大企业纳税服务和税收管理的特定内涵，决定了我国需要建立特定的大企业纳税服务和税收管理方式。通过多年的大企业税收管理实践，我国税务系统已经初步探索出专业化人才团队建设的途径和方法。2008年开始开展定点联系企业工作，2012年以来开始探索全流程税务审计、分事项税务审计工作，以及有针对性的大企业税收管理国际交流与合作，邀请IMF和OECD专家定期开展工作培训，培养了一批大企业税收管理专业人才，通过一系列实践锻炼与重点培养相结合，基本建成了一支适应现代化的大

---

[1]　徐文忠.风险管理团队需要有各种专家［N］.中国税务报，2012-01-16.

企业税收管理的专业化人才队伍，更为今后培养大企业税收管理人才奠定了基础。但也面临以下不容忽视的问题：

1. 行业管理专业人才匮乏

大企业纳税人往往具有组织结构复杂、生产经营项目众多的特征，在内部管理上信息化程度较高，企业的技术创新、组织创新和管理创新的能力都很强，其税收征管需要大量复杂的财务会计知识、税收政策问题和计算机应用技术。因此，大企业专业管理机构应定位于高端化纳税服务、精细化风险识别、专业化风险应对，符合大企业专业化管理规律。但是目前在税务部门中，专业型人才不足，高素质复合型人才更是匮乏，人才的培养速度跟不上管理大企业需求的增长，仍然是客观存在的事实。当前，大企业税收管理方面的人才培养滞后于大企业人才培养，征纳双方在智力、人力等方面的资源配备差距较为明显。

具体来说，一是专业化人才短缺。大企业管理人才大部分是从原有的税源管理人员转变过来的，并未真正具备精通税收政策的专家型人才，新进人才整体学历层次较高，但多为通过在职教育取得，具有实践经验的专业化人才相对较少。二是复合型人才稀缺。适应现代税收工作要求，系统学习过财会、法律、外语、计算机等多个专业的跨学科复合型人才稀缺，税收专家型人才匮乏。三是年龄结构趋于老化。目前税务人才队伍的主体处于工作经验较为丰富、精力较为充沛的时期，对做好税收工作较为有利，但年轻人才比例较低，影响了队伍的整体活力；缺乏阶梯层次，可能存在人员断层。四是部分地区出现"人才出走"现象。一些地区由于职业选择面较广，一些胜任大企业税收管理的复合型人才往往为各大企业争相聘用，造成本就稀缺的专业人才更加缺乏。

2. 专业化团队效应未充分发挥

和大企业普遍建立了较为强大的税收管理团队相比，税务机关应对大企业的团队化建设刚刚起步，明显滞后于企业税务团队的建设，存在一些不足和短板。

具体而言，一是在机构设置上，层级式的税收管理模式难以适应大企业税收管理需求。我国税务机关主要实行的是从总局、省局到设区市局、县区局垂直管理的金字塔式从上至下的层级管理结构，难以适应大企业内部扁平化的管理模式。全国大企业税收管理部门设置不统一，有的地方单独设置大企业税收管理部门，有的地方大企业税收管理部门与税源管理部门、国际税收管理部门、所得税管理部门职能交叉，大大降低了大企业税收管理部门的效用。

二是人力资源配置悬殊。一个企业集团的税务岗位人员往往有几十人，而税务机关仅区区几人。团队建设粗放，团队多为完成临时任务组建，缺乏长远目标，多以部门管理区域为界成立，缺乏跨界合作……这些不足和短板，严重影响了税务机关征管职能的发挥和服务职能的履行。

三是团队绩效考核不完善。专业化管理团队尚无完备的绩效考核与成绩认定机制，由于专业化团队未形成固定的工作模式，缺乏考核的指标。人员实行跨部门的人员组合，其工作成绩更难在有关部门和人员间准确细分。

四是团队激励机制不完善。目前的团队没有独立的经费资源，责权利不能对等，开展工作受制太多，掣肘了团队的运行及其作用的发挥。工作难度和工作强度都在加大，但待遇未能与之匹配，差别化的待遇更无从谈起。

五是内部管理协调不到位。团队每一位成员都有自身的核心竞争力，要把这些强势个体糅合在一起，本身就具有很大的挑战性。另外，每个成员的技术熟练程度不同也可能会导致管理协调方面问题的产生，而这些问题的产生直接影响了团队合力发挥和效能的提高。

9.3 我国大企业税收管理人才引进与建设建议

人才引进与建设，是实行大企业税收的专业化管理的重要基础。因此，应当以高素质人才为基础，以提高大企业税法遵从度为目标，寓管理于服务，建立集约、专业、高效的大企业税收管理组织和运作体系。主要可以围绕专业化管理和个性化服务来逐步推进高素质大企业管理团队建设。具体到实践层面，我们主要从以下四个方面提出大企业税收管理团队建设的一些可行性建议。

9.3.1 整体推进大企业税收管理团队建设

大企业专业化管理水平要求高、有针对性的深度服务需求强，必须建立一支税收专业团队化人才队伍。因为大企业的组织机构庞大、管理环节多、业务量大且特殊涉税业务频频发生，行业链条繁杂且跨地域经营，专业化分工精细，信息化程度高，且比较注重公司治理结构和业务运作方式，导致税源的流动性和隐蔽性较强。大企业的税务风险更多来源于管理阶层的纳税态度、内部控制的缺失、经营目标及经营环境异常变动等方面。可以预见，随着中国"大企业时代"的到来，大企业税收管理的集团化趋势会更加明显，因此，税务机关只有将税收征管资源团队化，才能有效应对这一趋势。

税务机关应当树立全新的管理理念，提供形式多样、特色化、有针对性的纳税服务，充分满足大企业个性化的纳税服务需求。特别是要树立税源专业化管理理念，从属地管理职能中分离出来，由大企业税收管理部门负责统筹和分级组织实施。在管理方式上由"执法监督型"向"管理服务型"转变；在服务方式上由"同样化"到"个性化"转变，在对象划分上由"一刀砍"向"差异化"转变。通过在宏观层面建立大企业税收专业化管理理念的制度规划和战略安排，以风险管理为导向，建立健全税收风险管理体系和税收风险评估机制，将全面提升税收专业化管理提升到战略高度。

税务机关应当明确团队的构建方法。具体来说，就是以全覆盖为目的，组建分行业、分集团或分事项的大企业税收管理团队，相对固定团队成员，清晰划分团队成员的分工。对大企业的税收风险管理应多角度、专业化，对识别出的各类风险的评级排序应由专业化的团队进行，在风险管理的措施上应坚持宽视野、多举措。例如，通过加强对公司内控机制的引导和对中介机构的管理转移风险，通过加强与大企业的沟通和宣传减少风险，通过评估和审计纠正风险。此外，要特别重视计算机审计的作用。

9.3.2 建立大企业管理人才保障机制

在建立大企业管理和服务人才保障机制方面，推进大企业税收管理人才梯队建设，着力提升大企业税收管理人员全方位的素质能力，是一项非常重要的任务。大企业税务风险管理的重心在于税务风险管理人才。

第一，对现有税收管理人才优化配置。可建立全国、全省乃至具体到设区市的"大企业税务风险管理领军人才库"，在系统内公开选拔大企业税务风险管理人才。国家税务总局层面的专业人才库，应该按照一定的标准和类别遴选。

比如，在标准上可以考虑以下因素：是否获得注册会计师、注册税务师资格及律师资格等；是否具有某项专业技能或实践经验，并有相关的证明材料；是否通过国家税务总局组织的相关选拔考试；是否在专业领域获得认可；是否对国际税收非常了解；是否具有较强的经济学基础；是否熟悉现代企业制度；是否对某一个行业的生产、经营及其税收特别熟悉；等等。这方面可以借鉴美国的经验。在人才选拔上，美国有较高的门槛，要求只有获得会计专业、管理专业、税收专业、法律专业或者计算机等专业学士学位的人，才有资格参加选拔考试。因为这部分人已经具备一定的行业知识储备，在实际工作中就更容易进入角色。

第二，建立多元化、多层次的立体激励机制，激发税收管理人员自觉学习的动力。一方面，应该强化业务培训和岗位培训。大企业在经营管理中常常会遇到许多专业性强的涉税问题，加上这些问题常常与实际经营情况和其他知识相交叉，因此在实际操作过程中对税务人员业务知识的深度、广度以及创新度上都有很高要求，税务人员必须时时更新自己的行业知识储备。税务部门要结合专业化管理需求，有目的、有针对性地开展大企业专业化管理人才的技能培训。培训内容不仅涉及税务审计、风险管理、转让定价等业务板块，还应包括行政管理和领导技能，例如：冲突管理、项目管理等。

另一方面，应该设置分工合理的专业化岗位，同时通过健全的奖惩制度体系，鼓励相关税务人员开展自学活动。建立考核方法多样化、考核内容全面、科学严谨的考核机制，实现考核结果与物质奖励和提拔重用挂钩，实现业务知识和岗位技能的有机结合。建立完善的内部竞争机制，将培训成绩、工作业绩和技能考核作为税务管理人员年度考核和职务晋升的重要依据。

第三，优化团队成员结构。各级税务机关要根据大企业税收管理部门承担的工作职责和要求，配备政治可靠，业务过硬，尤其是精通税收、财务会计、法律、外语、计算机等专业知识和技能的专门人才，并保持人员相对稳定；通过逐步建立分行业、分企业的大企业专业管理团队，提供行业知识、经济管理、国际贸易、计算机和审计技能等多方面的支持；在工作中充分发挥他们的作用；要确立"定向培养＋培训＋使用"的人才发展计划，将长期专家培养和短期骨干培训相结合，建立结构合理、专长突出的大企业税收专业化管理人才队伍；在团队类别上，可以按照行业进行分类，也可以按照具体的工作事项进行分类，比如税收风险管理类、信息技术类、纳税服务类等。要教育干部自觉遵守廉洁从税的各项规定，同时根据部门和岗位特点，建立健全廉政风险控制的各项制度，以优良的工作作风和良好的社会形象，确保大企业税收服务与管理工作的顺利开展。

相比较而言，我国目前大企业税收管理部门中，除了少量的计算机专家，绝大多数都是税务专家，很少有其他方面的专家。因此，我国应建立集中培训与自我提升相结合的制度环境。一方面，根据需要制定合理的人才培养战略，针对不同年龄阶段、不同工作背景、不同知识结构、不同管理层次的人员制定有针对性的培养计划，并与国际知名的机构与高校合作，集中培训所需人才，储备一批既有基层工作经验，又有较强专业能力，同时兼具经济分析、行业分析、信息处理等某一方面专长的复合型高端人才；另一方面，要大力建设学习型组织，制定科学的学习激励制度，鼓励全系统税务人员自我提升，并通过一定的选拔制度将这些人才及时选拔出来，让其担任更加重要的工作，建立大企业管理和服务人才保障机制，要坚持专业化人才与复合型人才、高层次人才与基层业务骨干一起抓，切实加强大企业管理员干部教育培训工作。要采取递进式系列化培训、关键岗位跟班培训等方式，突出抓好急需紧缺高层次专业化人才培训。以开展"岗位大练兵 业务大比武"等多种多样的活动为载体，增强教育培训工作活力。在充分发挥省税校的培训主阵地作用的同时，要完善网上远程教育培训管理系统，探索建设"网上税校"，推行网上教学，为税务干部搭建一个在岗自学、自学成才的平台，建立一支"招之即来，来之能战，战之能胜"的税收风险管理人才队伍。

第四，探索建立税衔制，鼓励税收人才坚持专业化职业发展和晋升途径。鉴于大企业管理中税收专业知识的复杂性、重要性及必要性，我们可尝试借鉴国际经验，在现有税务人员行政级别划分的基础上，探索建立税衔制，即根据专业知识水平标准，将大企业管理人员划分出相应等级，并制定相应的配套制度给予其特定的执法权和工资待遇，如越重要的处理处罚决定就必须由越高等级税衔的税务人员做出，依次激励税务人员专注提升专业知识水平，并乐于坚持一线工作。

9.3.3 提升大企业税收管理专业化服务水平

提升团队专业化服务水平，要以服务思维明确团队工作目标。研究相关税收政策，开展税收政策深度解读，有效解决行业性、集团性复杂涉税事项、复杂涉税诉求，准确清除大企业股权转让、资产重组和跨境交易等特殊事项税务风险。

第一，提升个性化服务水平。税务部门以分类管理为基础，在细分纳税人群体的基础上，结合各纳税人的差异化和实际需求，构建与之匹配的行为模型，集中优质资源，提升服务水平和实施有针对性的风险管理。一是专门为特殊阶段大企业，例如股权变更、合并重组等，提高专门的涉税服务。二是对大企业重大涉税事项提供税企沟通渠道。三是加强行业专门性纳税服务。不同行业大企业产业特点、发展模式都不同，在尊重行业差异的基础上，提供个性化服务。

第二，建立专业化纳税服务团队。专业的纳税服务团队需要一批专业素质高，具有职业道德水平的人员担任。通过建立健全大企业联络员制度，由一到两位税务人员负责具体协调工作，专项解决传统模式下税管员不能及时迅速解决的涉税问题，从而有效提升处理大企业重大涉税事项的能力，提升大企业纳税遵从度。

第三，建立常态化的多层沟通联系机制。从基层的定期下户走访到更高层次的税企高层交流，通过密切税企联系，加强沟通，推动互信机制的建立，这种做法对引导大企业内控机制的完善和提升大企业纳税遵从度等都起到了积极作用。和大企业互通互联，在深化纳税服务的基础上，构建税企沟通机制和诉求处理机制，及时引导大企业建立重大事项披露机制和税务风险内控机制。针对大企业税收管理方面的个性化、差异化需要，可建立适时、顺畅的大企业政策答疑平台，由专人负责，以降低税企沟通不畅的风险。

9.3.4 引进大企业税收管理人才

从国际上开展大企业税收管理的经验来看，在具体开展税务风险管理过程中，各国都有种类齐全的专家队伍进行支持。如美国，大企业与国际税收管理局LB&I就拥有一大批重要专家，包括金融产品和金融交易检查员（FPTE）、国际检查员（IE）、雇佣税专家（ETS）、计算机审计专家（CAS）等，这些专家负责参与各类税收审计项目。还可以根据案件审理的特殊需要向社会聘请特殊领域的专家为审计工作提供帮助。[1]在开展风险识别工作的同时，LB&I还

---

[1] 夏智灵. 风险导向的现代化税务审计——美国大企业税收管理的经验和启示[J]. 国际税收，2015（5）.

会得到 IRS 研究中心的支持，开展风险识别的人员包括项目分析人员、征税人员、专家、技术顾问等，还包括外部顾问、来自大学等机构的学术人员等。

其他发达国家大企业税务管理也有会计师、律师、审计师、经济学家、国际税收专家、行业管理专家、计算机专家等参与。例如，加拿大制定了多项培训计划，不断提高大企业税务管理人员的专业技能；聘请相应领域专家处理大企业税收专业问题。来自各行业的专家与基层管理一线工作人员实现了有效结合，从而大大提升了对大企业的税收征管水平。[1]

因此，我国要确保大企业税收管理成效，有必要借助专家的专业知识。要创造条件引进系统外计算机专家、工程专家、行业专家、金融专家、经济专家、谈判专家和法律专家等各类专家，实现大企业税收管理团队成员的多样性，优化团队成员的知识和能力结构。充分整合各方人力资源，突破横向和纵向的限制，强化与第三方沟通，打破部门壁垒，形成上下互动、左右联动的"一体化"人才引进和建设的工作格局。

第一，疑难复杂案件中，邀请专业人员参与。当今大企业发展迅猛，情势多变，纷繁复杂的实际问题，对税务机关的管理水平不断提出挑战。面对日益复杂的大企业税收实践，当前比较具有可操作性的做法是，对大企业税收管理的个案中涉及的纳税服务、征管、出口退税、税务稽查等方面，采取外聘的方式，借助社会上具有专业资质的会计师、审计师、律师、计算机分析专家等"外脑"，适度参与税务风险管理工作。广泛征求各方专家的意见，力求做出公正客观的判断和决策。具体操作中，要给予外部专家足够的决策建议权和参与重要决策的地位，充分发挥其辅助决策、凝聚共识、平衡分歧的作用，这也是税收管理分工精细化及决策科学化、民主化的必然要求。

第二，日常工作中，加强内外部专家交流学习。在大企业税收管理的日常工作中鼓励创新形式、创造机会，加强内外部专家人员的教学和交流活动。大企业的生产经营、购销核算、组织管理机构情况复杂，因此，在精通税收政策的同时掌握大企业财务、生产经营甚至跨国业务等方面的知识，成为一个大企业税务管理人员应具备的能力。可以从大企业的行政管理层、涉税部门及高等院校、其他涉税专业机构等中选取师资，让税务人员着重学习大企业管理规范、税收服务的标准化及大企业税收管理最新理论发展等。要根据一个地区大企业

---

[1] 杭州市国家税务局课题组. 借鉴国际经验完善我国大企业税收征管方式 [J]. 涉外税务，2013 (4).

管理的特点，积极培养大企业税务管理方面的专门人才。要立足现实，大胆采用"请进来"的方式，聘请高校教授以及大企业集团的税务顾问或企业财务主管讲授的关于公司财务方面的课程，为税务人员提供学习机会。[1]只有最大限度地加强管理者与被管理者（税务机关与大企业）之间的交流，才能最大限度地降低培训、管理和沟通的成本，并会对大企业管理高效的团队协作和高质量的专业服务提供有力保障，在大企业税收管理的人才培养、规范执法、降低征纳成本等方方面面发挥更大的作用。

第三，成立专家智囊团队，探索建立大企业税收管理智库。从长期规划来看，应考虑逐步建立内设智库、高校智库及民间智库。把握好各层级智库的定位和方向，在服务税务机关大企业税收管理决策中发挥引领作用，发挥好决策部门与智库之间的桥梁纽带作用，推动智库研究与大企业税收管理相结合、与大企业税收重大决策需求相结合，做到供需对接、供适所需。同时，要建立科学合理的指标体系，加强对智库的评估评价，形成优胜劣汰的竞争机制。大企业税收智库要明确研究方向，坚持税收专业化道路，着力在提升研究质量上下功夫，多出优秀成果。发挥自身优势，在对外交流、公共外交、舆论引导中展现更大作为，并深化拓展与国际智库的交流合作。

---

[1] 杜蕾. 大企业税收管理与服务研究［D］. 华中师范大学，2012.

TAX OF LARGE BUSINESS
TEN YEARS OF RESEARCH ON
Basic Challenging Problems

第 10 章 制约因素

10.1 法律环境

10.1.1 顶层设计不到位造成法律地位不明确

大企业税收管理存在法律和制度缺失。现阶段,有关大企业税收管理的制度规范,特别是大企业税收专业化管理的业务操作规范还没有上升到税务行政规章层级。大企业税收管理部门开展的风险管理,法律依据不明确,有关税收法规建设滞后于大企业税收管理实践发展,使得大企业工作面临"税收法定""行政法定"原则缺位的尴尬,并且可能导致大企业税收管理部门的某些行政行为因为法律依据缺失而存在执法风险。如税务机关内部的大企业管理部门往往处境尴尬。

在大企业税收风险管理中,如果开展税收审计工作,但作为一个内设处室,没有执法权,因而无法开具税收检查通知等涉税文书,造成对大企业的税收风险审计工作处于一种尴尬境地。目前大企业税收管理改革的总体方案和大企业税收管理现代化的总体规划尚未出台,现有的部分文件又表述得比较模糊,在税务机关和大企业之间、不同级次税务机关之间、同一级次税务机关的不同部门之间,容易产生不同的认识和理解,造成一些大企业集团在不同区域的分支机构针对同一税务事项采取不同的税务处理方式,税收执法的确定性和统一性问题仍未得到有效解决。

10.1.2 政策性风险化解机制尚不健全

政策性风险主要是税收政策规定滞后于企业财务会计制度导致的各种税收风险。税收政策需要不断调整、完善以适应经济发展。由于税收政策的法定性质,税收政策的制定从提出、考证、审议到公布需要一个过程,导致了税收政策与财务会计制度中存在时间差异,形成税收风险。近几年国家税务总局大企业税收管理司组织开展的税务审计中发现的不少税收风险都属于政策性风险,这些可以理解为风险的存量。另外,大企业在生产经营中的涉税事项事先裁定诉求,为"走出去"企业做好政策服务,也都是一种政策性风险,这些可以理解为风险的增量。对存量和增量这两类政策性风险，大企业的最大愿望是税收执法的统一和税法适用的确定，而我们目前的法律制度和风险化解机制还不能迅速、高效、便捷、公正地予以响应。

10.1.3 涉税信息采集的法律规定缺位

在大企业税收风险管理过程中，风险识别是其最为关键的环节，而信息收集直接决定了风险识别的效果。因此，如何最大限度地获取大企业集团的有价值的涉税信息，是各国税务机关一直在探索和研究的问题。近年来，随着国际交流与合作的不断深入，在第三方机构的协助下，我国通过情报交换、双边磋商、协助调查等方式解决了许多复杂的税收问题，尤其在反避税领域和大企业涉外服务等方面取得了令人瞩目的成绩。同时，在国内通过与工商、海关、银行、证券等第三方机构的合作，也极大地拓宽了获取大企业涉税信息的渠道，更为有效地实施了大企业的税收风险监控。

但是，受制于合作方式的有限性、合作机制的不健全与税收立法的不完善，利用第三方机构力量获取信息的程度与信息管税的要求仍有较大差距。

国外立法机关对税务机关获取纳税人以及其他涉税信息提供了强有力的法律支撑。我国关于涉税信息采集的法律规定内容宽泛、条文分散、约束力不高、操作性不强，严重限制了我国税务部门对涉税信息的采集和利用。

《中华人民共和国税收征收管理法（征求意见稿）》有关条款规定：各有关部门和单位应当支持、协助税务机关依法执行职务，向税务机关提供涉税信息。也就是说，相关部门和单位将所掌握的纳税人涉税信息提供给税务机关将成为一种法律义务——当然，这里"相关部门和单位"应该包括银行。一旦该法通过实施，将在很大程度上解决税务机关采集涉税信息无法可依的窘境，极大提高征纳双方的信息对称度，从而防范税收风险，提高税收管理水平。条件成熟时，可提请全国人大出台符合我国国情的《涉税信息资料报告法》，逐步使我国的涉税信息采集工作纳入法制化轨道。

10.2 管理因素

大企业现行的税收管理体制，不但引发了总部与分支机构的税收分配问题和欠发达地区税源转移、资源保护、环境代价、资源补偿等问题，而且是大企业税收管理机制未能常态化，带来管理缺位、越位和错位的重要原因。由于非征税主体的介入和干扰，使所在地税务机关采取的税收征管措施难以落实到位，税收管理"四联动机制"未能充分实施，经验型管理显得低效，掣肘着大企业税收管理和服务向深层次、全方位、专业化方向发展。

当前大企业的税收征管，根据不同的税种采取不同的管理模式，流转税管理与其他各类企业无明显差别，企业所得税跨区经营分配预缴机制和汇总监管机制则不完善。目前对跨区经营的总分支机构明确具有生产经营职能的二级分支机构可以参与分配预缴，三级以下不参与，而跨区经营的大企业主要是中央集团企业。此类企业（尤其是电信、保险等企业）往往在省一级（个别企业总机构和二级分支机构均在当地）设置二级分支机构对下属的本省、区各地市三级分支机构进行管理，在这样的管理模式下，从事实际生产经营的三级分支机构不需要向属地税务机关进行日常的申报和汇算，且属地税务机关在无税收收入的情况下监管积极性也不高，容易出现不监不管的状况。同时，大企业的母公司与子公司之间业务往来频繁，往往利用转让定价或成本分摊来转移利润，规避纳税义务，而现行大企业税收征管模式使税务机关难以及时发现其较为隐蔽的避税行为。

大企业现行的税收管理服务，在基层沿袭"保姆式"的管理员制度，而且内部机构从上至下的职能配置呈"倒金字塔形"，上级部门按税种、业务细化设置，各部门均有具体的工作布置和检查，最后各项工作往往归集到税源管理员身上，实际上是"上级千条线，管理员一针穿"，税源管理员疲于应付，难以针对每个大企业的特点进行有效的管理和提供个性化服务。现有的服务产品更是不能满足企业需求。大企业多数为国有企业或跨国企业，其战略规划制定通常不以偷税漏税为主要目的，主观上通常没有故意不遵从的想法，涉税风险的产生是因为对政策的理解不到位或在具体经营行为中风险控制力度不够。而在目前的纳税服务体系中，缺乏根据大企业特点量身打造的引导遵从的服务产品。

10.3 编制因素

在大企业税收管理中，由于编制因素，各地税务机关在大企业税收管理机构的设置上，显得"捉襟见肘"，在腾挪现有人员编制的基础上，尽可能给大企业税收管理部门"挤"出空间，同时也带来了一些问题。

10.3.1 职能不健全

从全国范围看，大企业税收管理机构设置及其职能配备不规范。有的成立大企业管理处，或将大企业税收管理职能赋予征管科技、国际税收管理等部门；有的成立具有独立执法资格的大企业税收管理局；有的将大企业税收管理职能赋予直属局或重点税源管理局；有的只在省级成立了专门的大企业税收管理机构，有的省、市、县逐级成立大企业税收管理机构。在职能配置上，有的集大企业税收管理和国际税收管理职责于一身，有的融税款征收和大企业税收管理于一体。大企业税收管理机构和职能的不统一，必然导致各地在统筹规划、组织实施大企业税收管理工作，特别是完成上级税务机关推送工作任务的态度、力度和方式各不相同，工作开展不平衡。

10.3.2 机构名称不规范

2008年8月，国家税务总局在新一轮机构改革中，顺应世界税收改革发展潮流，设立了主管大企业税收服务和管理的职能司——大企业税收管理司。据统计，2014年底，国税系统北京市国税局成立大企业税收管理局，甘肃省、大连市等国税局成立承担专门税收管理职责的直属税务分局，另有19个单位单独设立大企业税收管理处，13个单位设立大企业和国际税务管理处，上海国税将大企业管理职能放在纳税服务处。地税系统河北、山西、江西、河南、湖南、广东、海南、贵州、青海、宁夏、新疆等省（自治区）地税局和宁波地税局在省局陆续成立大企业税收管理局、大企业税务分局或直属税务分局。其余大部分明确由征管处承担大企业管理职能，还有部分单位明确由国际事务、纳税服务等业务处承担。直到2016年底，全国各地关于大企业税收管理机构的名称仍然没有一个统一的标准。

10.3.3 职责不明晰

大企业税收专业化管理核心在于将大企业复杂税收事项集中到大企业税收

管理部门统一负责。目前国家税务总局赋予大企业税收管理部门的主要职责是，承担对大企业个性化纳税服务工作，实施税源监控和管理，开展风险识别，组织实施反避税调查，指导海洋石油税收业务等。从规定上看，国家税务总局大企业税收管理司的职责已有规范明确的表述，而到省级、市级大企业税收管理部门的职责描述有一定的差异，概括起来说就是负责大企业复杂涉税事项管理，包括数据管理、个性化服务、风险管理、反避税调查等专业化管理事项。跨区域税收管理事项原则上由上级税务机关统筹协调、管理。纳税登记、纳税申报等日常性基础管理和一般性税务服务工作由基层税务机关承担。

在具体实践中出现不少问题，主要体现以下三个方面：一是从上述不同探索阶段对职责的描述来看，大企业税收管理部门所履行的职责有很大的不同，特别是在各地大企业税收管理部门的实行过程中差异很大。二是在履行大企业税收管理职责过程中，与横向税政、征管等部门都不同程度存在重叠交叉。例如，大企业税收管理部门与具体税种管理部门以及稽查局的职责分工没有在法律法规层面予以明确。大企业税收管理部门涉及的企业所得税问题需要请示所得税管理部门，涉及的增值税问题需要请示货物和劳务税管理部门，涉及的企业税务风险检查需要移送稽查局，大企业管理部门对很多税收风险问题不能直接下定论，大企业税收管理的公信力不足。三是上级大企业税收管理部门与主管税务机关容易出现"都管"的重点管理和"都不管"的管理真空地带。

10.3.4 专业人才匮乏

大企业税收管理的工作优势在于税企合作，发挥双方人才优势，在一定的工作机制之下共同防范和应对税收风险。目前，由于大企业税收管理体制机制不完善，大企业税收管理专业人才，特别是知识全面、经验丰富的税务审计专业人才缺乏，专业团队建设滞后，无法适应日益繁重、日趋复杂、要求更高的大企业税收管理工作。大企业税收管理专业人才的选拔标准不统一，培养、管理、使用和激励机制与实际需求不相适应，不利于专业人才成长和发挥作用。税务机关借用外部专业人才参与具体大企业税收风险管理工作，从制度机制上目前无法实现突破，大企业税收管理专业人才的瓶颈制约一时还难以破解。就大企业而言，绝大多数都没有成立税收风险控制职能部门，配备专业人员并赋予相应的职责权限，税收风险内控机制难以很好地发挥作用。

TAX OF LARGE BUSINESS
TEN YEARS OF RESEARCH ON
Basic Challenging Problems

第11章 总体建议

11.1　我国大企业税收管理遵循的基本原则

对大企业开展专业化税收管理与服务是一项全新的工作，缺乏系统的理论研究和实践经验。按照税务总局有关大企业税收的工作要求，借鉴国际大企业税收管理的先进经验与做法，强化大企业税收管理，必须牢牢把握以下四项原则：

——**专业化原则**。随着市场经济的不断发展，纳税主体个性化差异日益明显，大企业更是有其特殊的特质和运作规律。强化管理，必须根据大企业的实际情况和不同特点，优化资源配置，科学分配职责，探索实施以分行业管理、分规模管理、分税种管理、分涉税事项管理等为重点的专业化管理模式，提升处理大企业复杂涉税事务的能力和效率，有效弥补现行大企业税收管理缺陷，达到加大管理力度和拓展管理深度的目的。

——**扁平化原则**。通过组建大企业税收管理部门，深入系统地掌握大企业的组织结构和生产经营情况，减少管理层级、上收复杂管理事项，实施扁平化管理，以达到优化管理资源配置、及时破解大企业税收管理难题的目的。同时，通过建立大企业税收管理信息平台，确保大企业税收信息数据共享，促进各级、各地税务机关之间在大企业税收管理上的协作，实现大企业税收管理的扁平化，不断提升税收专业化管理的水平。

——**个性化原则**。牢固树立征纳双方法律地位平等的理念。以大企业的服务需求为导向，把个性服务建立在对企业的深入了解和深度参与的基础之上。认真研究不同性质、不同行业的大企业的实际需求，按照共性与个性相结合的要求，使纳税服务在普遍化的基础上兼顾个性化，增强服务的针对性、可行性和有效性。构建税企之间相互理解、相互支持、合作共赢的和谐征纳关系，不断提高大企业的自觉遵从意识和自我遵从能力。

——**差异化原则**。缺乏差别的管理不可能是有效的管理。大企业的经营特点决定了其税务风险比其他中小型企业要高得多，且税务风险通常不是来自做假账或者简单的账面差错，而是更多地来源于相关治理层和管理层的纳税态度和观念的不正确、相关内部控制的缺失或不健全、经营目标和经营环境异常压力等诸多方面。因此，必须建立以风险管理为导向的大企业税收管理模式，引导和帮助企业从内部控制制度入手,强化企业税务风险的自我防控,并依据企业税务风险程度,实施有差别的税收管理,及时发现和解决问题,让有限的税收管理资源发挥最大效益。

11.2 我国大企业税收管理改革的重点

在"互联网+"战略实施的大背景下,立足于我国大企业税收管理在法律环境、风险管理、信息化建设等方面的现状,紧扣国家税务总局发布的《深化大企业税收服务与管理改革实施方案》《关于印发〈"互联网+税务"行动计划〉的通知》等顶层设计方案,坚持分类管理、提升层级,平衡治理、合作遵从,风险导向、数据驱动,国地联合、部门协同的四项工作原则,抓住全国千户企业集团这个"关键少数",提升大企业税收服务与管理质效,为我国大企业持续健康发展提供良好的税收环境。

11.2.1 抓大控中放小,实施差异化的税收管理

一是对不同类别纳税人实施差异化管理。纳税人数量增长的无限性和税收征管资源的有限性这一基本矛盾决定了税务机关采取"抓大、控中、放小"的差异化管理思路是必然的选择。大企业由于具有集团化管理、跨地区跨国经营、信息决策高度集中的特点,一般来讲税法遵从意愿较高,但是其集团性、行业性、政策性税收风险一旦发生往往影响很大,所以大多数发达国家和主要发展中国家都将大企业作为特别的类别实行不同于一般中小企业的税收管理方式。

二是对不同风险等级的纳税人采取有针对性的应对方式。以总局、省局为主,以大数据和信息化为依托,对大企业集中开展遵从管理规划、信息收集、风险识别、等级排序、风险应对、过程监控和评价反馈的全流程税收风险管理。主要内容包括:通过建立风险识别指标体系、风险特征库和分析模型等风险分析工具为税收风险管理提供精准指向和具体对象;通过评定风险分值、确定每个纳税人风险等级高低,确定需采取措施的应对任务数量;通过实施针对性管理,由相应层级税务机关采取纳税服务、风险提示、一般性

税收检查、税务稽查等不同方式予以应对，切实提高税收征管的针对性和资源配置的有效性。

特别是对一般性税收检查、税务稽查两种风险应对手段要进行明确区分。一般性税收检查遵循诚信推定原则；税务稽查专司偷逃骗抗税案件的立案查处，遵循税收行政强制和处罚规则，工作程序依据《税务稽查规程》等规定的办案程序、取证标准和证据规则等。这样的区分既是实施差异化管理的需要，也是规范税务机关执法行为、改善税务形象在制度层面的治本之策，深为纳税人和全社会关注。

11.2.2 发挥比较优势，提升复杂涉税事项管理层级

一方面，纵向提升复杂事项管理层级。根据大企业税收管理的内在要求，对复杂事项管理层级进行不同程度的提升，使总局、省局在作为行政管理机关的同时也成为大企业税收服务和管理的主体。由总局、省局大企业税收管理部门直接负责大企业复杂涉税事项，如集中开展一定范围的企业集团（如总局对千户集团、省局对本省百户集团）的税收经济分析和税收风险分析，统筹组织或直接开展大企业个性化服务、税务审计和反避税调查等工作；同时协调下级大企业税收管理部门开展税收风险应对，负责对服务管理工作质量进行绩效评估。

另一方面，横向构建适应专业化管理要求的工作机制。通过明确大企业税收管理部门与其他各相关业务部门的工作职能和业务流程，实现对大企业涉税事项的有序衔接。总局、省局统筹税收检查性工作，调配使用专业化管理团队、实现工作任务的横向衔接和各级联动。

11.2.3 满足个性化需求，提高大企业纳税服务水平

一是引导大企业建立健全税务风险内控体系。开展税务风险内控调查工作，了解企业税务风险内控机制建设情况，研究制定大企业税务风险内控测试指标体系，了解企业经营流程，对流程各个环节进行分析，找出关键涉税控制节点及其涉税风险点，依据现行税法规定设置控制指标和控制标准，将控制标准与企业控制制度执行情况进行对比分析，从而查找企业税务风险内控体系的薄弱

环节，准确及时给予大企业信息反馈。

二是提供税收政策统一性、确定性服务。大企业跨区域跨行业经营及业务复杂等特点，决定了其对政策确定性和执法统一性等方面有着更强烈、更高水平的需求。成立国家税务总局税收政策解释委员会，及时、准确明确政策执行口径，可以确保税收政策在全国范围内的确定统一。

三是不断创新大企业税收服务产品。借鉴国际经验，结合企业需求，探索开展大企业税收事先裁定服务，为大企业未来交易和事项如何适用税法提供确定性服务；探索建立大企业纳税申报前争议事项协商机制，由税务机关提前介入有争议的事项，增加企业纳税申报的准确性和确定性，减少事后检查带来的成本；探索建立大企业年度遵从安排制度。制定特定行业税收风险清单，提前发布企业税收风险提示。告知大企业税务机关本年度的税收遵从管理安排，提高大企业税收风险防范意识，促进税企之间的互信合作。

11.2.4 抓住"关键少数"，实现税收风险分析精确制导

一是搭建全国统一的税收风险分析平台。在"金税三期"总体框架内，以全国统一的数据仓库和决策支持系统为依托，搭建全国千户集团税收风险分析平台，将散存在多个管理环节、工作层级和信息系统中的千户集团涉税数据，按照集团一户式的方法进行筛选、归集、存储与展示。同时，为该平台打造税收经济分析、税收风险分析和集团一户式查询等功能，使其成为总局和省局开展企业集团税收风险分析以及各级税务机关根据风险分析结果进行差别化应对的有效载体。

二是在总局层面开展千户集团税收风险分析工作。按照抓"关键少数"的思路，在"金税三期"工程逐步实现税收数据全国大集中的有利条件下，国家税务总局正在部署开展全国千户集团税收风险分析工作，选取全国营收规模和纳税排名靠前，且具有行业代表性的千户企业集团为重点样本，以大数据为基础，以税收风险为导向，以"金税三期"为依托，以专业机构和人员为保障，科学利用数据情报交换技术，采用多种分析技术和分析模型，对企业集团涉税数据进行深入分析，掌握企业税法遵从状况，揭示税收风险，实现精确制导。

三是在部分省市探索开展百户集团税收风险分析工作。与全国税收征管规范2.0版推行相结合，在大企业税收管理规范试点省份探索开展省级百户企业

集团税收风险分析工作,并逐步推广。通过"千户分析""百户分析",充分发挥总局、省局数据集中、人才集中、经验集中的优势和市局、县局直接面对纳税人、"接地气"的优势,各层级紧密互动,实现风险分析、应对、反馈、考核的工作闭环,有效分析锁定和应对处理企业集团纳税人的税收风险,牢牢抓住大企业这些"关键少数",也为整个税收管理工作树立标杆。

11.3 加强我国大企业税收管理的实践路径选择

11.3.1 提升大企业税收管理站位

中共中央办公厅、国务院办公厅印发了《深化国税、地税征管体制改革方案》(以下简称《方案》),从国家治理高度对税收改革发展作出部署,充分体现了党中央、国务院对税收工作的高度重视和对税收事业发展的科学指导。税务机关应该以此为契机,使大企业税收管理在税收改革发展中具有鲜明的问题导向性、系统的战略规划性、科学的前瞻引领性,从而更好地为落实党中央和国务院的决策服务。

11.3.2 总结改革经验,明确改革路径

通过总结试点省市改革经验,找到适合大企业税收管理的路径。比如,2015年,江苏省苏州市地税局创新集约化管理新模式,以"三解"促"三实",着力破解大企业"看得见、管不好,进得去、出不来"的传统难题,收效喜人。一是解决了大企业税收"管理谁"的问题。在全面分析区域经济税源状况、人力资源结构分布的基础上,综合考虑企业收入、资本额、国际化背景、过去的税收遵从行为及高风险个案等因素,确定大企业名录,其税收占比约为22%,主要包括管理结构较为完备的上市公司,经济地位重要的市属企业、总部经济企业,具有国际化背景的"走出去"企业,跨地区经营企业以及总局、省局定点联系企业等。二是解决了大企业税收"谁来管"的问题。采取通过成立市级和区县级"二级管理办公室+二级工作团队",统筹落实大企业风险识别监控和业务管理支撑,理顺了部门间横向联合、市县区纵向协调的机制,探索出大企

业管理的集约化新模式，实现了人力资源优化配置。三是解决了大企业税收"怎么管"的问题。创新"大后台—小前端"风险管理模式，将信息采集、案头审计设为风险应对必要前置，依托跨区域、跨层级人才集中、信息集中、技术集中等优势形成风险评估大后台，推送给具有空间和数量优势的风险应对管理前端，后台前端有机互动，形成管理合力，提升了风险应对质效，实现了大企业风险管理流程高效运行。

在最近十年的改革实践中，各地税务机关做了大量的探索，既形成了一些有益的经验，也有一些值得吸取的教训。在我国大企业税收管理改革下一个十年启幕之际，非常有必要对各地的改革进行深入的总结，以便为今后的改革找到最佳的路径。

11.4 我国大企业税收管理改革保障条件

11.4.1 组建实体化大企业税收管理机构

一是总局设置跨区域大企业税收管理局。国家税务总局成立具有执法资格的大企业税收管理局，全国按区域设立若干总局大企业税收管理分局，协助总局大企业税收管理局对千户集团当中总部集中所在的集团进行个性化服务和税收风险分析，成为全国大企业税收管理的区域性、行业性支持中心。

二是省局市局设置实体化大企业税收管理局。我国的行政管理体制、财政预算体制、税收计划体制的特殊性，决定着我国的大企业税收管理机构设置不能盲目地照搬税收管理先进国家的扁平化管理体制模式，而应考虑实体化各级大企业税收管理部门的思路。各省成立具有执法资格的大企业税收管理局；在经济发达或大企业税源集中的地市设立市级大企业税收管理局，协助省级大企业税收管理局开展总局千户集团在本地成员企业和本省百户集团的个性化服务和税收风险分析与应对工作；逐步开展省级和市级大企业税收管理局对所辖集团和成员企业的全职能税收服务与管理。

11.4.2 人力资源配置到位

一是科学配置人力资源。将素质优良、经验丰富的人才选拔配备到大企业税收管理岗位。按照发达国家税务局的做法，给予大企业税收管理人员以较高的技术职称待遇，大企业税收管理岗位人员一般要有较长的税收职业经历，且在中小企业税收风险分析和税务审计方面具有较长的实际岗位经验。

二是建立专业化管理团队。大企业税收管理岗位的人才使用方式，必须适应工作对象和工作任务的要求，以专业化团队的方式开展工作。团队的组成要做到结构优化，成员应当包括财务会计、税收、法律、经济学、统计学、计算机科学方面的专家；要针对不同的大类行业设置不同的专业团队，突出行业管理的特点，相应建立重点行业大企业税收管理专业人才库。通过大企业税收风险分析模型构建、个性化服务，特别是税务审计、反避税调查等实际工作，培养和锻炼一批又一批的专业化大企业税收管理人才。

11.4.3 明晰各层级职责

在明确组织管理权限和业务职责时，应重点从贯彻一体化管理工作定位，发挥总局省局统筹、各级分类应对的角度进行职责配置，以利于发挥各级比较优势，发挥其工作的主动性。

国家税务总局的优势是统揽全局，能够发挥协调全国各级、各部门的统帅作用。在职责配置上，国家税务总局负责制定全国性战略和政策，为各地提供技术指导和支持，监督各地大企业税收管理政策落实和工作开展情况；负责总局定点联系企业的个性化服务、风险评估、税务审计、反避税调查等大企业税收服务与管理工作；承担行业遵从管理战略制定、行业风险管理、技术模型开发、专项工作支持等职责；组织实施全国性税收风险管理、税务审计，签订遵从协议、做出事先裁定、反避税调查等工作。

省局处在承上启下的关键位置，在职责配置上，负责组织、协调、指导、监督及考核各市大企业税收服务和管理工作；负责省内列名大企业个性化服务、风险评估、税务审计、反避税调查等专业化管理事项，接受并完成国家税务总局推送的总局定点联系企业的工作任务。

市局、区县局在职责配置上，负责具体组织实施省级大企业管理局推送的各项工作，并全面负责规划和实施本级列名企业风险评估、税务审计、反避税调查等专业化管理工作以及涉税诉求处理、遵从合作协议谈签、事先裁定等个性化服务工作。跨区域税收管理事项，原则上由上一级税务机关统筹协调、负责管理。

11.4.4 强化大数据背景下的信息化支撑

一是不断夯实数据基础。顺应时代发展潮流，借鉴国内外在大数据应用方面的先进理念与技术方法，将散存在系统内外及多个管理环节和层级的大企业涉税数据，按照集团、行业、区域等维度进行归集整理、共享利用和全景展示，用数据来说话、用数据来管理、用数据来决策、用数据来创新。

二是全力打造支撑平台。紧盯信息技术前沿，在"金税三期"总体框架下，融合全球领先的信息技术架构、深度学习算法和数据建模技术，打造一个以税收经济分析、税收风险分析和集团全景展示三大组件为核心的大数据应用平台，实现对千户集团税收数据智能化的分析、处理和利用，推动形成纵向联动、横向互动、协调一致的大企业税收管理工作格局。

三是建立健全运维机制。开展大企业税收管理信息化工作，平台建设是基础，运行维护是关键。为了能够及时掌握平台应用状况，切实解决平台应用问题，需要业务和技术部门携手加强顶层设计，逐步建立起分级负责、分类应对、科学高效的信息化运行保障工作机制，不断提升大企业税收管理信息化应用水平。

11.4.5 创新工作机制

在运行机制上，在理顺横向、纵向、内外部工作协作关系的前提下，探索完善一体化的工作方式，规范固化各层级的工作职责、任务事项和工作流程，应该是分类分级大企业税收管理体制机制"中国化"模式的正确思路。

一是纵向提升复杂事项管理层级。根据大企业税收专业化管理的要求，对复杂事项管理层级进行不同程度的提升，由省级大企业税收管理部门直接负责大企业复杂涉税事项，如个性化服务、税务审计、企业汇算清缴、风险识别与分析、税务审计和反避税调查等；同时对下级大企业税收管理部门的管理服务质量进行绩效评估，使省级成为大企业服务和管理的主要工作层级。地市级主要承接省局推送的工作事项。属地主管税务机关承担法定的、通常依纳税人申请而发起的基础管理事项。

二是横向构建适应专业化管理要求的工作机制。通过明确大企业税收管理部门与其他各相关业务部门的工作职能和业务流程，实现大企业税收管理部门对大企业涉税事项的"归口管理、一窗对外"，以及有关业务工作的有序衔接。将大企业的税政管理、反避税调查和稽查工作、税务审批、税务审计及其他与大企业发生联系的工作，统一归口到大企业税收管理部门，确立省级大企业税收管理部门牵头负责，调配使用省市两级工作团队、统筹部署大企业专项工作、应对重大税收风险、处理复杂涉税诉求的运行机制，实现工作任务的推送和各级联动。

三是按行业跨区域设置管理架构及工作职责，加强行业管理。打破现有行政区域格局，按照大企业行业属性实行大片区团队管理，根据人员配备和业务技术部门设置，组建具备较高业务水平和丰富工作经验的税收管理团队，负责管理大企业的风险管理、税务审计和纳税服务等工作。一般而言，分行业管理主要可选择两种模式：一种是几个主要的行业组成一个团队进行管理，另一种是一个行业组建一个团队进行管理，具体行业团队按我国国民经济行业分类标准来设置。

四是建立各层级横向纵向的良性互动机制。组建省、市大企业税收管理局组建完成后将形成"区域税源管理局——市级大企业管理局——省局大企业管理局"三级架构的联动（见图11-1）。一是理清工作关系。大企业管理局和基层税源管理部门的关系，也即专业管理和属地管理的关系，省级大企业管理局负责全省大企业管理工作的统筹协调和业务指导；市级大企业管理局，全面负责大企业日常涉税事项的审批、税收风险管理、纳税评估、个性化纳税服务、日常检查、反避税调查和审计；区域税源管理局负责大企业的申报受理、发票发售、税款征收等日常基础事项。采用这种模式，既可以解决大企业管理职责的横向交叉和纵向交叉问题，有利于提高征管效率，避免出现"多头管理、权责不清、相互推诿"的局面，实现优势互补，形成管理合力。二是规范工作流程。通过信息互联互动平台，建立各层级大企业管理部门之间的纵向信息交互和业务指导联系机制，形成跨部门、跨层级、跨地区、跨系统的横向和纵向协调机制，处理好大企业管理部门组织协调与其他职能部门分工协作的关系，达到专业管理、优化服务、风险防范、提高遵从的管理成效。

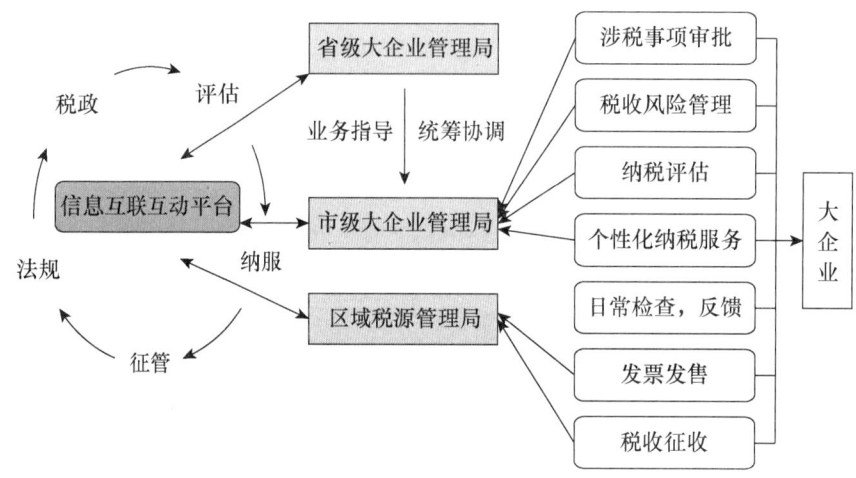

图 11-1 大企业专业化管理联系机制架构图

受经济发展水平不平衡的影响，东、中、西部税收收入差异较大，大企业分布数量和规模差异也很大。因此，大企业税收管理机构，根据管理对象数量和规模的不同，可在不同地区进行个性化设置，特别是在人员编制和工作职责上都可有一定的差别，既要满足工作的需要，也要力求不造成资源浪费。例如，可在东部总部经济发展的地区设立全职能大企业税收管理局，对本省大企业进行管理，协助国家税务总局对全国跨国、跨省大企业管理实施管理，在行业或企业较为集中的地方，设置相关管理机构，加大人力资源的配置。在欠发达的中西部，为保持机构的统一性，省局仍然需要设置大企业税收管理机构，设立全职能大企业税收管理局，对本省大企业进行管理，协助国家税务总局对全国跨国、跨省大企业管理实施管理，地市级可根据大企业的分布情况设置相应的行业管理机构或区域管理办公室，在人力资源的配置上，以能够满足落实总局和省局大企业税收管理安排的相关大企业管理工作要求为准。

REFERENCES
参考文献

1. 李德伟,谭光兴,詹浩勇,冯全丽. 大国崛起的政策选择［M］. 北京：中国经济出版社，2008.

2. 傅思明. 加强和创新社会管理，建设中国特色社会主义社会管理体系学习读本［M］. 北京：人民日报出版社，2011.

3. 中国税收发展报告（2006—2010）［M］. 北京：中国税务出版社，2011.

4. 张凯. 两小时了解税务风险［M］. 北京：中国税务出版社，2012.

5. 刘军. 税收管理战略转型：国际经验与中国选择［M］. 北京：中国税务出版社，2009.

6. 牛维麟,朱希铎. 中关村品牌成长录［M］. 北京：中国人民大学出版社，2009.

7. 胡泳. 海尔的高度——中国领袖企业海尔的最新变革实践［M］. 杭州：浙江人民出版社，2008.

8. 中国税务学会. 2010年全国税收理论研讨会文集［M］. 北京：中国税务出版社，2011.

9. 国家税务总局税收科学研究所,国际税务司. 2007—2009国外税收考察报告集［M］. 北京：中国税务出版社，2011.

10. 克·奈特. 风险、不确定性与利润 [M]. 郭武军，刘亮，译. 北京：华夏出版社，2011.

11. 凯瑟琳·贝尔等. 改善大企业纳税遵从——各国经验分析 [M]. 姜跃生，陈新，译. 北京：中国金融出版社，2007.

12. 任小平. 财务从不说假话 [M]. 北京：石油工业出版社，2012.

13. 徐贺. 资本交易税务管理指南与案例剖析 [M]. 北京：中国税务出版社，2012.

14. 余海胜. 揭秘华为——中国制造的通信技术帝国 [M]. 北京：中信出版社，2011.

15. 李国钢，许明华. 联想并购以后 [M]. 北京：北京大学出版社，2010.

16. 刘磊，钟山. 试析大数据时代的税收管理 [J]. 税务研究，2015（1）.

17. 刘蓉. 企业税务风险及其管理理论的研究兴起与理论框架构建 [J]. 光华财税年刊，2012－2013.

18. 姜跃生. 当前大企业税收管理亟待研究和解决的几个问题 [J]. 涉外税务，2010（3）.

19. 深圳市国税局课题组. OECD 成员国大企业税收征管经验及其借鉴 [J]. 涉外税务，2010（9）.

20. 吴国平. 大企业税收管理的国际实践及启示 [J]. 税务研究，2010（2）.

21. 杨华，王冬明，董宏. 大企业税收管理经验借鉴：以英国、美国、荷兰为例 [J]. 涉外税务，2010（12）.

22. 夏智灵. 风险导向的现代化税务审计——美国大企业税收管理的经验和启示 [J]. 国际税收，2015（5）.

23. 陈慧永. 完善机制建设打造大企业税收风险管理专业品牌 [J]. 中国税务，2017（1）.

24. 赵艳清. 澳大利亚的大企业税收风险管理 [J]. 国际税收，2016（9）.

25. 李岩. 美国大企业税收管理模式及其启示 [J]. 涉外税务，2011（6）.

26. 刘磊. 征管改革中的中国大企业税收管理 [J]. 国际税收，2016（9）.

27. 郝昭成. 国际税收迎来新时代 [J]. 国际税收，2015（6）.

28. 廖体忠. 国际税收协调的又一里程碑 [J]. 国际税收，2017（6）.

29. 毛杰. 集团内劳务转让定价的税务问题初探 [J]. 税务研究，2016（4）.

30. 李旭红，刘锋. CRS 对全球资产配置的影响 [J]. 国际税收，2017（2）.

31. 杭州市国家税务局课题组. 借鉴国际经验完善我国大企业税收征管方式 [J]. 涉外税务, 2013 (4).

31. 唐磊. 把准税收管理风险点, 有效增强大企业税收管理能力 [J]. 税务研究, 2012 (3).

32. 饶立新. 大企业税务审计的理念和方式应适时调整 [J]. 涉外税务, 2011 (12).

33. 叶建芳, 侯晓春, 杨育. 浅议税收风险管理中存在的问题与对策 [J]. 涉外税务, 2012 (1).

34. 深圳市国税局课题组. OECD 成员国大企业税收征管经验及其借鉴 [J]. 涉外税务, 2010 (9).

35. 杨杨, 杜剑. 大企业税收管理的国际经验及启示 [J]. 涉外税务, 2010 (9).

36. 夏智灵. 构建我国大企业税收管理绩效评价体系的思考 [J]. 税务研究, 2011 (9).

37. 李传玉. 从税法遵从的视角考量纳税服务工作的优化和完善 [J]. 税务研究, 2011 (3).

38. 高淑娟. 对大企业税收服务和管理的探索 [J]. 涉外税务, 2011 (3).

39. 许亥隆. 浅议大企业税务稽查方法 [J]. 涉外税务, 2010 (11).

40. 刘卫明. 加强大企业税收管理的探索与思考 [J]. 涉外税务, 2011 (3).

41. 陈捷. 大企业税收专业化管理和服务的构想 [J]. 涉外税务, 2011 (6).

42. 李岩. 美国大企业税收管理模式及其启示 [J]. 涉外税务, 2011 (6)

43. 杭州市国税局课题组. 大企业税务风险管理国际经验及其借鉴 [J]. 涉外税务, 2011 (6).

44. 肖恺乐. 发达国家"信息管税"的特点及对我国的启示 [J]. 税务研究, 2011 (6).

45. 张志勇. 大型企业汇总与合并纳税管理研究 [J]. 税务研究, 2007 (5).

46. 吴国平. 大企业税收管理的国际实践及启示 [J]. 税务研究, 2010 (2).

47. 房建新. 加强大企业税收管理的探索与思考 [J]. 河北国税, 2010 (1).

48. 姜涛. 大型企业税收专业化管理的国际实践及其借鉴 [J]. 上海经济研究, 2007 (9).

49. 董涛. 关于重点税源管理的调研与思考 [J]. 税收研究资料, 2007 (5).

50. 廖建生. 解读大企业税收管理与服务［J］. 中国税务，2009（5）.

51. 总局赴澳大利亚大企业税收管理第二期培训课题组. 澳大利亚大企业税收风险管理评介［J］. 税务研究，2014（12）.

52. 胥德明，邹建勋，邓敬东等. 税收风险管理的初步实践与优化思考［J］. 税务研究，2010（4）.

53. 徐文忠. 风险管理团队需要有各种专家［N］. 中国税务报，2012-01-16.

54. 朱政雄. 做实省局、做强市局、做精县局——浙江国税"三级联动"防控大企业税收风险［N］. 中国税务报，2014-11-25.

55. 邹国金，陈显信. 陕西地税局向大企业力推"延长模式"［N］. 中国税务报，2016-08-12.

56. 张凯. 长虹"税务云"：让想象成为现实［N］. 中国税务报，2016-01-22.

57. 童剑. 美国纳税遵从的保证程序［N］. 中国税务报，2011-07-25.

58. 尹晓宇. 税收风险管理，美澳两国经验值得借鉴［N］. 中国税务报，2011-11-21.

59. 崔健. 大企业税收风险管理中存在的问题［N］. 中国税务报，2015-02-25.

60. 潘雷驰，孙斌，叶桦. 大企业纳税服务和管理方式"特别"在哪儿［N］. 中国税务报，2015-01-22.

61. 张凯，王跃峰. 税收遵从协议：大企业越来越看重［N］. 中国税务报，2015-06-26.

62. 张淑敏. 大企业税收专业化管理模式探讨［N］. 河南日报，2015-11-18.

63. 吴汉江. 优化大企业税收管理［N］. 江西日报，2014-12-22.

64. 南京市国税局课题组. 南京国税探索大企业税收管理的实践与思考［N］. 江苏省国税局官方网站，2015-05-22.

65. 王立新，杜宁，刘德元. 稳步推进大企业税收管理与服务［N］. 中国税务报，2011-12-16.

66. 何乐. 2013——大企业税收管理探索创新之年［N］. 中国税务报，2014-01-24.

67. 张凯，蒋琳珊. 税企共治：广东大企业在探索路上［N］. 中国税务报，2016-06-24.

POSTSCRIPT
后　　记

当编撰完成这本年度报告的时候，回顾中国大企业税收研究所成立以来的点点滴滴，不禁感慨万千。

自 2016 年 3 月 25 日中国大企业税收研究所成立伊始，我们就做好了坚守孤独的充分准备。因为选择"大企业税收"这个财税领域中颇为小众的内容做专题研究，似乎前行的道路并不宽阔。目前，业界对于强化大企业税收管理的必要性与紧迫性逐渐达成共识，但在目标定位与路径选择上却众说纷纭，理论体系和实务体系尚未建立。在相当长的一段时期内，我国大企业税收管理都将处于探索阶段，大企业税收研究成为摆在我国财税理论界和实务界面前的一个复杂而有挑战性的课题。对此，我们明知难为却心有不甘，最终选择坚守孤独并上下求索。

中国大企业税收研究所自组建以来，在吉林省政府、国家税务总局有关司局和吉林财经大学领导的大力支持下，坚持科研立所、专业强所、活动兴所和服务社会的方针，积极推动大企业税收研究领域学术观点、学科体系和科研方法的创新，在构建兼具国际视野和中国特色的大企业税收理论和实务体系方面，付出了辛勤劳动，收获了丰硕成果，引发了社会各界的广泛关注。

两年多来，中国大企业税收研究所的学术地位逐步建立，理论研究成果日益丰硕，多份政策建议报告获得了中央领导同志、河北省政府领导及全国人大财经委领导批示，大企业税收高峰论坛等精品活动持续举办，微信公众账号"大企业税收评论"、电子期刊《大企业税收研究》及官方博客"大企业税收头条"等频频发声，获得了业界的广泛关注和好评，大企业税收研究金鹤奖申报人数逐年攀升……正是因为这些扎实的工作，这本书的形成才有了坚实的基础。在此，我们要由衷地感谢两年来一起风雨同舟的伙伴们，是大家对大企业税收的情怀，激发了我们对大企业税收基本问题的执着探索。

说到感谢，我们还要感谢国家税务总局相关司局、吉林省教育主管部门、诸多省级税务机关和吉林财经大学领导的关怀，感谢中国税务报、中国青年报、北京电视台等媒体的热情关注，感谢中翰税务、鑫税广通、中瑞集团等战略合作伙伴的支持，感谢中国市场出版社副总编胡超平女士及其带领的编辑团队，对本年度报告的编辑出版付出的心血和汗水……

孤盏夜行多崎岖，但见远方大道成。我们愿意用一种坚守，给未来一个答案；我们也愿意做那小小的苔花，不忘初心，持续努力，精彩绽放。

再次感恩，这一路走来相扶相伴的人们！

本书编委会

2018 年 9 月